书山有路勤为径，优质资源伴你行
注册世纪波学院会员，享精品图书增值服务

FAST
高效课程开发
培训师成长实践手册

（第2版）

邱 伟 ◎著

电子工业出版社

Publishing House of Electronics Industry

北京·BEIJING

图书在版编目（CIP）数据

FAST 高效课程开发：培训师成长实践手册 / 邱伟著. —2 版. —北京：电子工业出版社，2020.10

ISBN 978-7-121-39585-7

Ⅰ．①F⋯ Ⅱ．①邱⋯ Ⅲ．①企业管理－职工培训－手册 Ⅳ．①F272.92-62

中国版本图书馆 CIP 数据核字（2020）第 175905 号

责任编辑：杨洪军　　　　　　　　特约编辑：田学清
印　　刷：涿州市般润文化传播有限公司
装　　订：涿州市般润文化传播有限公司
出版发行：电子工业出版社
　　　　　北京市海淀区万寿路 173 信箱　　　　邮编 100036
开　　本：720×1000　　1/16　　印张：16.25　　字数：241 千字
版　　次：2015 年 9 月第 1 版
　　　　　2020 年 10 月第 2 版
印　　次：2024 年 7 月第 14 次印刷
定　　价：68.00 元

　　凡所购买电子工业出版社图书有缺损问题，请向购买书店调换。若书店售缺，请与本社发行部联系，联系及邮购电话：（010）88254888，88258888。

　　质量投诉请发邮件至 zlts@phei.com.cn，盗版侵权举报请发邮件至 dbqq@phei.com.cn。

　　本书咨询联系方式：（010）88254199，sjb@phei.com.cn。

前　言

本书第 1 版于 2015 年 9 月正式出版，上市以来受到了众多读者和企业的支持，截至 2019 年 9 月，已完成 15 次印刷。因为本书，笔者受邀为数百家知名企业做了"FAST 高效课程开发"的培训与分享，帮助 30 多万名学员掌握了"FAST 高效课程开发技术"，提升了系统化课程设计与研发的能力，同时也推广了"解决问题的课程才是好课程"的培训理念。2019 年年底，笔者接到了电子工业出版社晋晶老师修订本书的邀约，心中既有感恩又有感谢：感恩的是电子工业出版社的各位老师曾经给予笔者的帮助和指导，让第 1 版有了出版的机会；感谢的是读者、企业和学员对第 1 版的认可，让笔者有了完善本书的机会。

在本书第 2 版中，笔者结合近年来教学过程中的实践心得和读者、学员的实战反馈，对如下内容进行了修订。

1．完善和升级了课程开发方法

在第 2 版中，为了使读者在阅读后更容易应用书中的方法进行实战操作，笔者完善了如何书写课程开发目标、如何为课程进行精彩的命名、如何为课程配置应用工具三部分内容。同时，笔者将课程结构的四种逻辑关系（按流程设计结构、按元素设计结构、按线索设计结构、按关系设计结构），升级为七种逻辑关系（单向流程、循环流程、方法元素、场景应用、问题痛点、要点关系、态度观点），并为每一种逻辑关系配置了1~2个课程开发实例。另外，为了提升课程内容的包装部分，笔者重新梳理了八种课程内容的包装方法，并为每种包装方法配置了1~2个课程开发实例。

2．增加和更新了课程开发实例

在第1版的撰写过程中，笔者一直秉承的理念是"让本书成为一本拿来就用的课程开发指导手册"。所以，在第2版中，为了便于读者更好地应用书中所呈现的课程开发方法和技巧，笔者不仅将原有的40个课程开发实例增加为50个，而且对一些课程开发实例进行了更新。增加和更新后的课程开发实例及其在正文中的对应页码，如表0-1所示。

表0-1　课程开发实例及其在正文中的对应页码

编　号	课程开发实例名称	页　码
【实例1】	L企业访谈提纲设计与分析	29
【实例2】	"职场沟通"调查问卷设计与分析	33
【实例3】	焦点小组法：是什么问题影响了团队凝聚力	37
【实例4】	当面对多个问题时，如何选定课程开发主题	49
【实例5】	鱼骨图法：分析员工士气低落的原因	61
【实例6】	为"企业宣传写作"课程命名	72
【实例7】	"临门一脚——完美异议处理"课程中的萃取专家经验	79
【实例8】	"如何在岗辅导员工"课程运用直接借鉴法整合方案	90
【实例9】	"从服务到销售——打造高绩效营业厅"课程运用间接借鉴法整合方案	92
【实例10】	"游'任'有余——银行厅堂营销四部曲"课程的结构设计	99
【实例11】	"职场新人三级跳"课程的结构设计	100

3．修改了细节问题，并增加了"本章回顾"环节

在第2版中，笔者对在第1版中发现的一些细节问题进行了修改。同时，为了取得更好的阅读效果，笔者在每一章的末尾增加了"本章回顾"环节。在这个环节中，读者可以通过练习的方式对每章内容进行回顾，这既是对阅读效果的检验，也是对重点内容的强化。

期待本书第2版能够给你带来更多的收获，也期望"FAST高效课程开发技术"能够助力你开发出更优质的课程。

邱　伟

2020年5月

目　录

第一章

解决问题的课程才有价值

第一节　无问题不培训，解决问题的课程才是好课程

赵雷是一家合资汽车企业的技术工程师,主要负责车间产品的质量管理。在质量管理岗位上,赵雷多年被评为优秀员工,还在车间和集团的表彰会上代表员工发言。由于工作出色、表达能力很强,赵雷被公司聘为兼职培训师,负责全厂与质量相关的培训,赵雷信心满满地接受了这项任务。

赵雷经常在工作之余上网收集各种课程的相关资料和游戏活动。他希望自己的课程内容是厚重的、课堂气氛是活跃的,这也是他在上学期间一直喜欢和追求的学习感觉。

在上课时，为了展现自己的专家角色，赵雷将自己收集的各种理论、方法、工具、模型全部讲给学员。为了让学员在课堂上表现活跃，他总是每隔一段时间就带领学员做游戏或活动。

没过多久，赵雷接二连三地听到车间员工的抱怨：他的课程理论化太强，脱离工作实际；课堂活动很多，但和培训内容没什么关系，这样的培训就是浪费时间等。

赵雷的做法是很多培训师的普遍工作方法。他们准备课程的第一步是回忆自身经验，第二步是到网上搜索相关素材，第三步是将所有资料整合在一起，然后就上台讲课。当然，有的培训师为了提高学员的参与度，在课堂上穿插了大量活动，却很少考虑这些活动是否与课程内容有关。

很多时候，培训没效果的原因之一是课程设计目标不明确。培训师讲得眉飞色舞，学员听得全神贯注，可是在培训结束后，学员发现收获不大，没有解决什么实际问题。在企业培训中，如果课程设计缺少针对性，不能帮学员解决工作中遇到的实际问题，即使搞再多的活动，也只能是课上"感动"，课后不知怎么行动。从企业员工的角度来看，他们并不需要培训市场上最新的课程内容和游戏互动，他们需要的是实实在在能解决问题的知识和技能。

上述反映的问题真切地发生在很多企业的培训课堂上。作为培训师，应该如何针对这些问题进行改善呢？无论是从绩效改进技术来看，还是从柯氏四级评估的理念来看，"以终为始"的思维模式始终是学习目标制定和人才培养项目的主流思维。在为企业设计培训课程时，培训师必须做到以终为始，企业需要的终点是解决绩效问题，所以培训师必须从问题出发。

一、设计解决问题的课程是培训发展的必然之路

解决问题的培训符合时代发展的需求。企业的竞争说到底是人才的竞争，如何开发和培养人才是摆在每个企业面前的重要课题。进入 21 世纪后，这一

特征更加明显,从而使企业的生存和发展更加依赖拥有丰富知识和聪明才智的人才。这就使企业普遍感到缺乏能够解决问题的人才,缺乏能够和企业共同成长的人才。也许有人会说:"要改变现状,企业可以通过招聘新的员工来增加活力。"但实际上这是一种治标不治本的方法。如果没有良好的企业环境,新聘员工不是被老员工同化,就是要花很长时间才能使企业发生转机。如果要彻底解决问题,只有从内部着手进行人才开发,使企业充满活力,才能让企业具有良好的发展。中国有句名诗"问渠哪得清如许,为有源头活水来"。如果企业对培训不进行实际的投入,企业领导不重视、不参与,那么就会使企业的发展在源头上被卡死。

企业培训的最终目的是解决绩效问题。请记住,重要的不是培训,而是绩效。提升企业绩效的核心是找到影响绩效结果的关键问题,找出这些关键问题就解决了绩效问题的一半,也让企业培训有了产生效果的基础。因此在培训项目立项或者课程开发前进行调研分析时,我们就应持有解决绩效问题的观念。在造成绩效差距的原因中,对于通过培训可以改善的,我们要进行产品的学习或课程的设计与开发;对于无法通过培训改善的,我们要有能力为决策者提供改善绩效的系统性方案。

二、解决问题的课程是培训部门的必然选择

业务部门经常抱怨培训不能解决问题,去了也是白去。近年来总听到培训经理向笔者抱怨,说业务部门不支持培训,不理解他们辛苦的付出。业务部门总感觉培训就是福利,来到培训现场就是来放松的,所以派来参加培训的人很多并非部门的业务骨干,在培训之后也不会有任何应用。笔者也和众多企业中的业务部门沟通过,他们的普遍观点是培训内容脱离实际,对业务帮助很少,派人去参加培训的结果就是浪费时间。有时,员工在培训中会学到一些过时的方法和技巧,这些方法和技巧被应用到实际工作中,可能会产生很严重的反效果。

企业管理者抱怨培训部门只会花钱，见不到效果。现在很多企业的管理者持有"培训无用论"的观点，普遍认为培训效果不明显。"培训无用论"有两种，一种是直接无用论，持有这种观点的企业管理者认为，培训不仅不能增强企业员工的才干，反而会耗费员工的工作时间和企业的资金；另一种是间接无用论，持有这种观点的企业管理者认为企业员工的知识技能对企业来说已经足够，培训只是让员工掌握多余的才能，对企业没有多大益处，即投入小于产出。"培训无用论"直接导致企业管理者对培训不重视、不参与，不投入任何资金和精力。造成上述现象的原因有两个：一个是企业的学习观念没有改变，没有形成学习型组织的发展观，没有真正的"终生学习"和"动态学习"观念；另一个是培训与企业绩效问题之间缺少针对性，培训内容与员工的实际需要之间缺乏关联性，导致企业管理者对培训逐渐丧失信心。基于以上原因，培训部门只有开发解决问题的培训课程，才能帮助自己挺直腰杆。

三、解决问题的课程更符合成人的学习特点

解决问题的课程满足成人学以致用的需求。"学以致用"的原则在很大程度上遵循了诺尔斯等人在其著作《成人学习者》中提出的成人学习原理。对成人来讲，学习内容的实用价值与学习动机成正比。成人学习的一个重要原则是在学习和应用所学内容之前，想知道为何要学习这些内容，以及这些内容和个人、职位、部门、公司有何关系。研究表明，成人了解课程能够解决其工作中的什么问题，将影响其学习动机、学习结果，以及其在学习结束后学以致用的意愿。

解决问题的课程设计源于工作中的实际问题，符合成人对已知经验运用的需求。成人拥有丰富的经验，因而在学习活动中，首先应该强调个体的经验本身就是一种学习资源，而且这种经验还可以和其他学员共享；其次，成人学习是基于经验的学习，他们大多的学习过程是将新知识与已有经验相结合而形成的。因此教学效果的好坏，在很大程度上取决于教学内容是否能够唤醒成人已有的经验。

第二节 用FAST模型开发基于问题解决的精品课程

一、FAST模型源于ADDIE经典模型

教学系统设计（Instructional System Design，ISD）模型诞生于美国。第二次世界大战爆发时，美国军方迫切需要快速地训练出大批的技术人员来完成一系列复杂的技术工作——从实地测试卡宾枪到制造轰炸机。大批富有经验的教育心理学家（如加涅、梅里尔等）被征集去指导与士兵、工人培训相关的教材的研究与开发。在第二次世界大战结束后，这批教育心理学家继续为解决教学问题而工作。ISD模型在经历了近30年的发展后，最终成为集系统工程学、传播学、学习心理学与技术为一体的教学系统设计理论，该理论也成为培训师在开发新的培训课程时广泛运用的方法论。在实际的教学设计过程中，存在上百种的ISD模型。不过，几乎所有的模型都包括分析、设计、开发、实施和评估这几个基本要素或步骤，由此产生了覆盖各种ISD模型的ADDIE（Analysis，Design，Develop，Implement，Evaluate）模型。到了20世纪60年代后期，随着企业的大规模运用，衍生出了很多种指导性的系统设计模型，它们大都包含ADDIE模型的分析（Analysis）、设计（Design）、开发（Develop）、实施（Implement）和评估（Evaluate）这五个循环阶段。

FAST高效课程开发模型（简称FAST模型）是在人力绩效改进技术（HPT）和多年企业课程开发实践经验的基础上，将原有ADDIE模型进行深入和优化，而形成的一套基于问题解决的精品课程开发流程，如图1-1所示。FAST模型的优势有四点。第一，聚焦于企业所发生的绩效问题。FAST模型以通过培训能够解决的且有价值的企业绩效问题为核心，包括有效的整合方案、搭建内容

结构和配套应用工具，保证了课程内容对企业绩效问题的针对性和有效性。第二，FAST 模型将课程内容整合和教学方法开发进行了有效分离。如图 1-1 所示，FAST 模型中的"整合方案重实效"和"精选教法做引导"是独立的两个部分，这样做的好处在于课程设计者能够首先集中精力整合解决绩效问题的有效方案，然后再根据学员特点、教学场所和企业实际情况等匹配适合的教学方法，让教学开发过程中的每一步更加专注。第三，每个步骤采用流程式模块设计，既可由个人独立完成所有开发任务，又可由团队分工完成。FAST 模型大大降低了培训师开发课程的难度，提高了课程开发的效率。第四，经过多年的实践检验，FAST 模型能够满足企业培训发展的需求。FAST 模型多年来经过大量企业实战的验证，是一套科学、高效、易操作、易评估和易检验的课程开发工具。

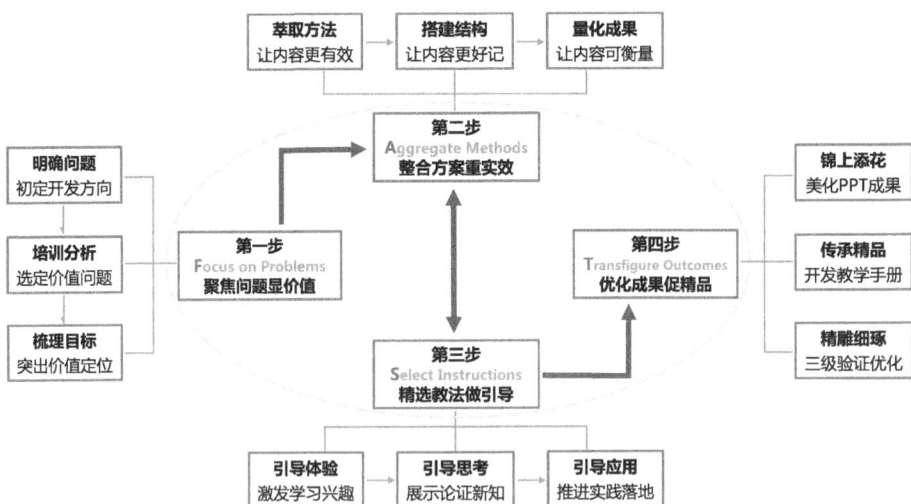

图 1-1　FAST 高效课程开发模型

二、FAST 模型四步打造精品课程

FAST 模型共分为四个步骤，分别是聚焦问题显价值、整合方案重实效、精选教法做引导、优化成果促精品。

第一步：聚焦问题显价值（见图1-2）

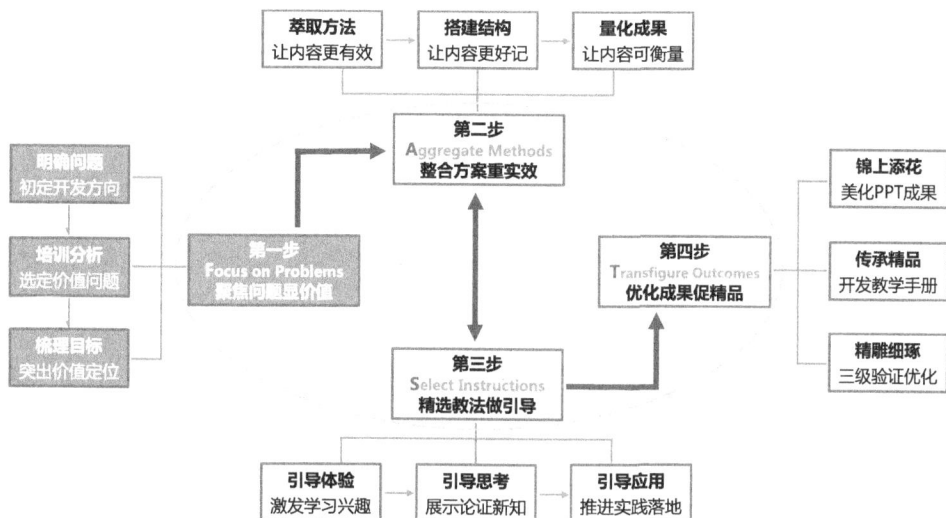

图 1-2　聚焦问题显价值

企业的培训师既是企业的绩效顾问，又是企业的"知识银行"和"人才枢纽"。培训师只有在真正理解业务需求之后，才能成为业务部门的战略伙伴与绩效顾问，才能真正帮助业务部门提升业绩。在培训实施过程中，培训内容是否符合企业的战略需要，能否解决企业的绩效问题，能否覆盖产生绩效的主要人群，是判断企业培训是否有价值的关键问题。因此，FAST 模型的第一步是聚焦有价值的绩效问题。

1．明确问题，初定开发方向

在这个阶段，我们将运用五种方法收集企业绩效问题。同时在收集问题的过程中，当遇到类似业务部门反映的"员工总是效率低下"或"不重视团队精神"等模糊问题时，运用 4W 法则厘清问题，得到"不懂得用清单和行动计划来分配工作"和"在与其他团队沟通时，不能使用正面、积极的语言"等用准确语言描述的问题现状。这是聚焦问题显价值的第一个阶段，目标是初步选定课程开发的方向。

2．培训分析，选定价值问题

不是所有问题都能通过培训解决，培训能够解决的是人的问题，是关于员工会不会和能不能的问题，是由人的知识、技能和态度方面的差距造成的企业绩效问题。笔者把培训能解决的问题，称为"培训影响域"。其他的如制度、体制、环境等非人为因素导致的问题，是很难通过培训解决的，被称为"非培训影响域"，如果想通过培训来解决这些问题，就必须将其分解为由人的知识、技能、态度等方面的差距造成的问题。圈定培训影响域是锚定课程开发主题的第一级筛选。第二级筛选是选择有价值的问题，这个选择直接关系到培训课程开发成果的价值。选择标准包括对企业最重要、正在由局部蔓延到整体、必须要快速解决、会随着时间推移越来越严重、会经常发生。反之，如果选择的问题不符合上述的标准，结果只能是自己付出了很多，却很难得到业务部门的认可。第三级筛选为是否有内部专家。在这一级筛选中，需要判断的是哪些问题适合企业内部开发，哪些问题适合外部采购，哪些问题适合通过其他手段来解决（如跨界学习、行动学习等）。

对一个课程设计者而言，在开发课程时，经常会遇到复杂问题。复杂问题指的是收集到的问题只是问题表象，深层原因需要分析后才可显现。这就像著名的冰山模型一样，冰山下的问题才是解决问题的关键所在，这时如果不挖掘问题的根本原因，就只能停留在处理问题的表象上。例如，公司营业额减少，因此就培训员工，但如果造成营业额减少的原因是市场已经饱和，培训就很难见到效果；公司投诉增加，因此增加客服人员，但如果产品本身有问题，增加客服人员这种做法就只会治标不治本。本阶段的重点除了运用"三级课题筛选漏斗"锚定有价值的开发主题，还要通过多种方法对问题背后的问题进行深入挖掘。

3．梳理目标，突出价值定位

问题是现状与目标之间的差距，设置一个切合实际的目标，无论对于问题的拥有者，还是对于问题的解决者，都是一件双赢的事情。解决问题的目标有两种类型，一种是定量目标，一种是定性目标。定量目标是可以用数字明确下来的目标，如 "在三个月内将员工满意度提升 10%"。定性目标是用变化的趋势来表现问题达到的目标，如 "能够对现场所发现的问题进行有效的排查和整改"。在梳理课程开发目标时，可以采用如下句式：<u>解决销售人员</u>，<u>在日常销售过程中</u>，<u>由于在电话邀约、面谈拜访、持续跟进、缔结签约各销售步骤中，不能有效建立信任关系而造成签单率低的问题</u>，取得<u>运用系统性方案与客户建立信任关系</u>，并<u>最终实现成功销售</u>的结果。从这个例句中，我们可以清楚地看出课程要解决的问题和要达成的目标，下一步需要做的就是针对这个课程开发目标中的问题去寻找对应的方法、策略和话术。梳理课程开发目标，不仅可以明确课程要解决什么问题，而且为整合有效解决方案做好了准备。

常言道："看书先看皮，看报先看题。" 标题的好坏可以决定一本书或一篇文章的成败。一个好的课程名称是课程定位和课程价值的体现，也是课程的点睛之笔。出彩的课程标题既能迅速抓住学员的眼球，又能让你的课程在开发前就备受关注。在本阶段中，我们要完成两项任务：第一项是梳理课程的开发目标，第二项是为课程起一个响亮的名字。

问题解决

聚焦问题显价值

1. 在调研访谈时需要找到哪些关键人？

2. 调研访谈的常用方法和注意事项是什么？

3. 在当面访谈时需要问哪几类问题？

4. 在收集问题时常遇到哪些困难？

5. 一个问题的四个要素是什么？

6. 当面对多个问题时，如何判定培训影响域？

7. 通过哪五个维度判断问题是否有价值？

8. 哪些课题适合企业自主开发？

9. 如何用一句话描述课程开发目标？

10. 吸引人的课程名称具有哪些特点？

第二步：整合方案重实效（见图 1-3）

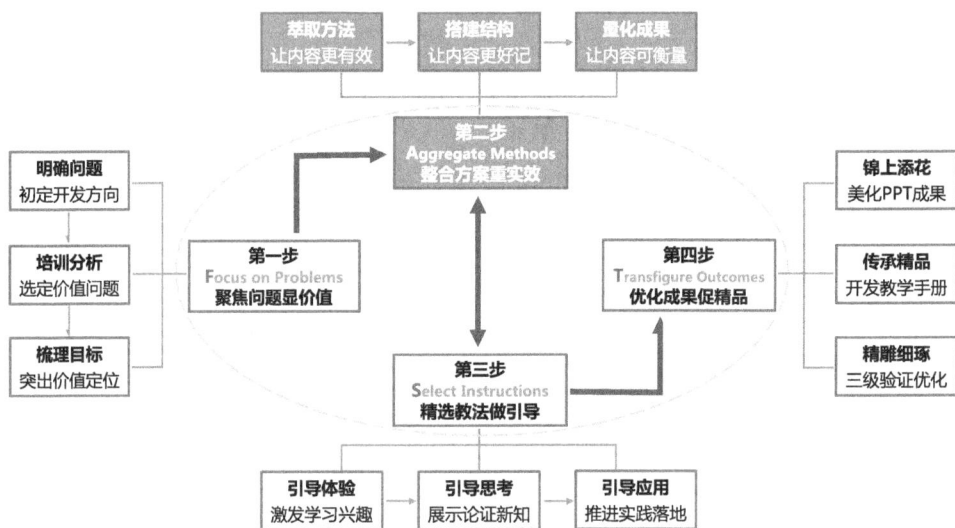

图 1-3　整合方案重实效

无论采取何种培训方式，最终起到培训效果的一定是培训内容。这就像给患者看病一样，你的药没有效果，做再多的宣传也是没有用的。在"整合方案重实效"这一步中，目标是将培训内容从之前的"我会什么，我讲什么，我有什么，我说什么"，转变成"为了达到既定的课程开发目标，去匹配相应的教学内容"，从而保障培训课程的针对性和有效性。

1．萃取方法，让内容更有效

"整合方案重实效"的第一个阶段是萃取方法，目标是让内容更有效。萃取方法有两种产生渠道：第一种是组织内部，萃取优秀业务专家的经验，将专家的经验和智慧转化为组织的经验和智慧；第二种是组织外部，借鉴经典实践和理论。借鉴经典实践和理论分为直接借鉴和间接借鉴两种情况，可以通过阅读相关书籍、学习经典课程、查阅论文研究、跨界标杆学习和搜索网络资料等方式获得相关资源。在第三章的"萃取方法——让内容更有效"这一节中，笔者将和你重点分享如何通过多种方式整合并优化出解决关键绩效问题的有效方案。

2. 搭建结构，让内容更好记

搭建清晰、严谨的课程结构是为了帮助学员在大脑中建立一个框架，学员可以依靠这个框架去组织所学到的内容，也可以在未来需要用到所学内容时，利用这个框架来检索信息。在第三章的"搭建结构——让内容更好记"这一节中，笔者将与你分享搭建课程结构时常用的七种逻辑关系，分别是单向流程、循环流程、方法元素、场景应用、问题痛点、要点关系、态度观点。为了更好地帮助学员记忆，笔者还将和你分享如何通过英文组合、汉字拆分、数字连读、穿针引线、谐音连接、形象类比、颜色分类、诗词改编八种方法对课程的结构和内容进行生动化、形象化的包装，帮助你开发出形象、生动、好记的课程内容。

3. 量化成果，让内容可衡量

将整合到的有效方案进行量化，目的在于能够在课堂上检验学习效果，以及在课后推动学习转化。在第三章的"量化成果——让内容可衡量"这一节中，笔者将从两个方面对方案进行量化，第一个方面是梳理课堂表现性目标，第二个方面是课后配套应用工具。课堂表现性目标是对在课堂环境中学员能完成什么的详细描述。我们之前已经讲过的课程开发目标属于宏观教学目标，它所描述的是学员运用所学技能和知识的现实情境，而不是学习情境。课堂表现性目标是在培训过程中能够看到的显性化成果，可以通过测试和练习的方式检验。课堂表现性目标有助于学员确认培训后应取得的结果，有助于培训师和学员对培训过程做出客观评价。总之，课程开发目标是关于在现实情境中学员能做什么的陈述，课堂表现性目标是关于在学习情境中学员能做什么的一种陈述。配套工具主要作为一种外部的记忆储存形式存在。配套工具可以帮助学员在课后回忆所学内容，并能够轻松、便捷地运用所学内容解决工作中的实际问题。配套工具可以降低学员在工作中的应用难度，促使学员在工作中学以致用，更好地将学员"扶上马，送一程"。

问题解决

整合方案重实效

1. 组织内部的优秀经验在哪里？
2. 判断优秀业务专家的标准是什么？
3. 如何萃取内部专家的优秀经验？
4. 在访谈专家时哪些问题不能错过？
5. 萃取失败经验的价值是什么？
6. 常用课程结构的逻辑有哪些？
7. 如何包装才能让课程内容好记、易用？
8. 如何运用 ABCD 法则设定课堂表现性目标？
9. 设定课堂表现性目标要做哪三类分析？
10. 课后配套应用工具有哪些类型？

第三步：精选教法做引导（见图1-4）

麦卡锡的自然学习模式深入研究和探索了学习者的整个学习过程，为课程设计者开发出符合"以学员为中心"的课程打下了基础。笔者在保留了自然学习模式精髓的基础上，结合多年的课程开发实战经验及企业内部面授培训的特点，将教学过程优化为三个阶段，即引导体验、引导思考和引导应用。在这一步中，笔者将为第二步整合出的有效方案配套"以学员为中心"的教学方法。

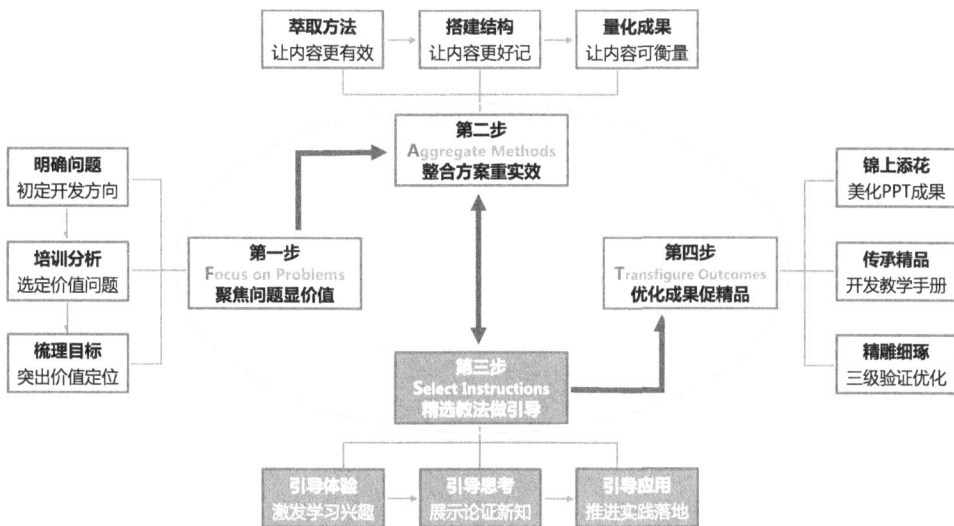

图 1-4　精选教法做引导

1. 引导体验，激发学习兴趣

每位学员都带着自己一定的知识和经验来到培训课堂，只有通过设计恰当的学习情境，才能够充分地激活学员头脑里已有的故事、案例、经验、观点等。一旦学员的内心受到不同程度的触动，他们就会不知不觉、心甘情愿地被吸引着参与到课程中来，享受学习的过程。"以学员为中心"是业界所公认的课程设计原则之一。要做到"以学员为中心"，关键在于创造学习体验。建构主义学习理论认为，学习是一种真实情境的体验，学习发生的最佳情境不应该是抽象的，相反，只有在贴近生活的情境中学习才能变得更为有效。在这个阶段中，课程设计者要尽可能激起学员的求知欲，使他们对后面将要学到的内容有所期盼。

个人的学习是加法，团队的学习是乘法。一个人在思考时，由于各自心智模式的影响难免会看不清全貌，就像盲人摸象一样，大家在一起讨论有助于将事情看得更全面。自己思考是一个单向的过程，没人给你反馈，没人和你有不同的观点，也就是没人挑战你的观点，那么你思考的深度就要差一些。在引导体验阶段，培训师不仅要告诉学员为什么学这项内容，以及激发学员对这项内容的兴趣，还要调动学员通过讨论对创设情境中的内容或问题进行反思，促使学员连接已有经验，打开学习的阀门。在第四章的"引导体验——激发学习兴趣"这一节中，笔者将与你分享如何创设学习情境和激发学习兴趣的六种方式，以及如何调动学员通过讨论进行反思的五种活动。

2. 引导思考，展示论证新知

学员在引导思考阶段需要停下来审视和聚焦新知识。基于戴尔的"经验之塔"，在"揭示新知，阐述核心内容"的环节，培训师根据教学内容和教学目标，可以选用课堂讲授、现场示范和视频教学等方法，分别从抽象的经验和观察的经验两个方面向学员输出课程的知识、方法和技能。在课堂练习环节，学员在培训师的引导下，通过做练习来增强对学习内容的掌握。

人一旦获得了某种知识或经验，就很难体会没有它的感觉了。这说明知识和经验的获取不一定是累加，还可以是替代。我们在不断获取知识和经验的同时，其实也在不断地丢弃一些东西，这种现象被心理学家称为"知识的诅咒"。所以，只有当知识或技能的呈现方式符合学员的背景知识，并满足不同的学员需求时，学员才能更好地消化、吸收。为了避免"知识的诅咒"这一现象的出现，课程设计者需要借助形象比喻、举例说明、分类比较、用图说话等形式，来帮助学员加深理解所学内容。在第四章的"引导思考——展示论证新知"这一节中，笔者将与你分享如何运用四种方式帮助学员理解和消化学到的新知识。

3. 引导应用，推进实践落地

要想知道梨子的滋味，就必须亲口尝一尝。一方面，课堂练习可以帮助培训师及时了解学员对内容的理解和接受情况，以及课程目标是否达成。另一方面,对学员来说,课堂练习可以帮助他们及时地了解自己有没有达到学习要求。有些问题在听课时不容易暴露,通过课堂练习,学习的效果马上就能显现出来,避免把学员当成知识容器。培训师还可以根据练习情况,合理调整教学进度和教学内容。

推动课后转化是帮助学员从不会转变到会的过程。使学员从不会转变到会的秘诀是重复。开发一门培训课程的价值,体现在有多少新知识和新技能可以被应用于实际工作中。未被应用于实践的知识好比没有播下的种子,永远也不会结出果实。因此在开发课程时,培训师不仅要传授知识和技能,更重要的是要确保知识和技能被用于工作实践中,从而实现其价值。在第四章的"引导应用——推进实践落地"这一节中,笔者将会与你分享如何设置有效的课堂练习,以及如何推动课后应用的方法和技巧。

问题解决

精选教法做引导

1. 创设学习情境的六种方式是什么?

2. 如何基于 SPORT 模型采集案例?

3. 案例分析需要哪几个步骤?

4. 好故事的三个要素是什么?

5. 设计角色扮演有什么要求?

6. 运用提问引导时,有哪三种方式?

7. 引导学员通过讨论进行反思的常用形式有哪些?

8. 如何促进学员消化、吸收新学到的内容?

9. 如何设计有效的课堂练习?

10. 推动课后转化常用的四种方法是什么?

第四步：优化成果促精品（见图 1-5）

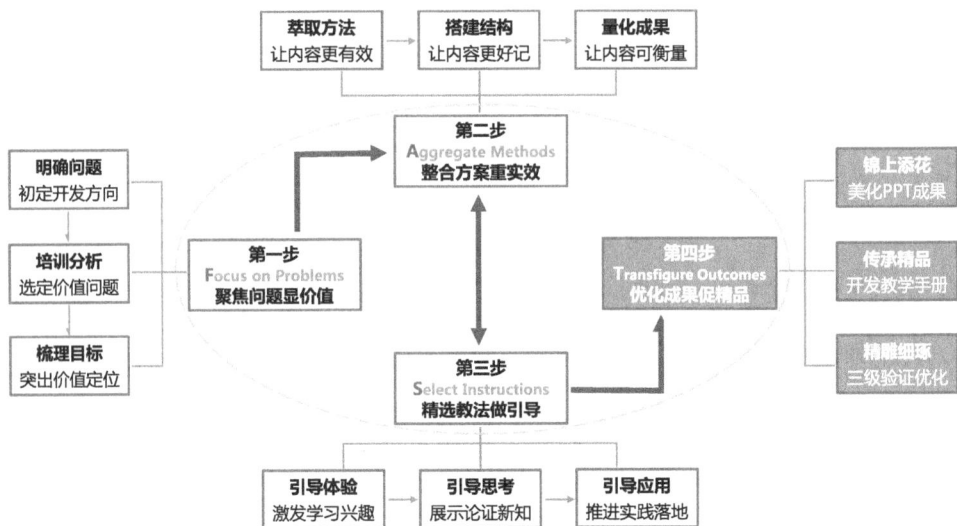

图 1-5　优化成果促精品

　　这一步的目标是对前期开发的成果进行优化，为开发精品课程把好最后一道关。优化将通过三个方面进行。首先，对 PPT 成果进行优化，使其能够更加美观、更加突出课程的核心内容。其次，编写讲师手册和学员手册，让优秀的课程开发成果得以广泛传承。最后，通过自我、专家和学员三个层级的验证，全面评估与优化开发成果。

1. 锦上添花，美化 PPT 成果

　　PPT 是课程开发成果的核心，在完成 PPT 开发成果时要完成六项优化。第一项优化，内容准确精练。在内容选择上要做到避免杂乱、重点突出、言简意赅，没有必要把要讲的所有内容都放在幻灯片上。第二项优化，排版整齐骨感。如果把标题和内容比喻成 PPT 的肉，那么整齐的排版就是 PPT 的骨干，只有肉和骨干都健康，整个 PPT 才能看起来更健康。第三项优化，图文配合到位。在 PPT 中配图的目的是让学员对页面的内容或观点有更多感性的认识。从左右脑

的分工来看，课程中的内容属于偏左脑的逻辑性内容，配图属于偏右脑的图像化内容，这样的配合能够帮助学员更好地理解和记忆所学内容。第四项优化，图形逻辑清晰。SmartArt 图形是信息和观点的视觉表示形式。SmartArt 图形让 PPT 的内容看起来更简洁、生动并具逻辑性，从而快捷、有效地传达信息。第五项优化，动画简洁流畅。尽量少用动画，大量的动画会不可避免地干扰学员对课程内容的关注。动画有时也必不可少，在展示流程、提问思考和突出重点时，动画可以起到吸引听众和引导教学的效果。第六项优化，导航排列有序。导航能够帮助学员避免信息过载，让学员时刻知道自己处在课程中的哪个环节，以及这个环节的前后内容分别是什么。在第五章的"锦上添花——美化 PPT 成果"这一节中，笔者将和你分享如何从以上六个方面美化 PPT 开发成果。

2．传承精品，开发教学手册

开发优秀的课程是一门艺术，更是一项技术。说它是艺术，是因为不同的课程设计者根据相同的课题，可以开发出不同的效果。说它是技术，是因为无论是谁开发的课程，只有经过不断的完善和优化才可能成为精品。关于艺术的部分，是由课程设计者的不同造成的必然结果，我们在这里不再过多讨论。关于技术的部分，是我们讨论的重点话题。在第五章的"传承精品——开发教学手册"这一节中，笔者通过编写讲师手册，将课程的开发背景、课程简介、教学计划、授课流程和授课要点等形成文字资料，供培训师不断完善和优化课程时使用。学员手册的制作目的在于方便学员在课堂上更快速地理解课程内容、完成课程练习和课后应用等。讲师手册和学员手册是课程 PPT 成果的深化和外延，也是完成课堂教学的"指挥棒"和"指路牌"。如何制作优质的讲师手册和学员手册，是笔者重点与你分享的内容。

3．精雕细琢，三级验证优化

一门精品课程的推出像新药的上市一样，需要经过层层验证才能真正地开始大范围实施。精品课程的验证优化一般分为三级。第一级是自我验证优化，类似于药品第一期的检验——人体安全性评价试验阶段。第一级验证优化一般由课程设计者和培训师来完成，目标是依照"课程验证标准清单（自我验证）"来检验课程，验证优化的主要内容有课程内容、教学方法和教学资料等 20 项内容。第二级是专家验证优化，类似于药品第二期和第三期的检验——治疗作用初步评价和治疗作用确证阶段。这一级的验证优化一般由业务专家、课程设计者和培训师来完成，目标是依照"课程验证标准清单（专家验证）"来检验课程内容和教学方法是否有良好的针对性和互动性，从而确定哪些课程内容和教学方法需要优化和升级。第三级是学员验证优化，类似于药品的第四期检验——新药上市后的应用研究阶段。学员验证优化由目标学员、课程设计者和培训师来完成，目标是通过真实的培训场景来实际操演整个授课流程。这一级验证优化的主要内容有课程内容、教学方法、呈现技巧和教学资料等 20 项内容。只有经过三级验证优化的课程，才可以说是一门合格的课程。在第五章的"精雕细琢——三级验证优化"这一节中，笔者将与你重点分享如何通过三级标准验证和优化课程开发成果。

问题解决

优化成果促精品

1. PPT 课件的四大功效是什么？
2. 优秀 PPT 课件需要符合哪六项优化原则？
3. 如何设计有吸引力的课程介绍？
4. 讲师手册的四个功能是什么？
5. 如何编写讲师手册？
6. 学员手册的四个功能是什么？
7. 如何编写学员手册？

8. 自我验证优化包含哪 20 项内容?

9. 专家验证优化从哪几个维度评估开发成果?

10. 学员验证优化包含哪 20 项内容?

本章回顾

将表 1-1 中子项目的序号填入 FAST 高效课程开发模型的空白方框中。

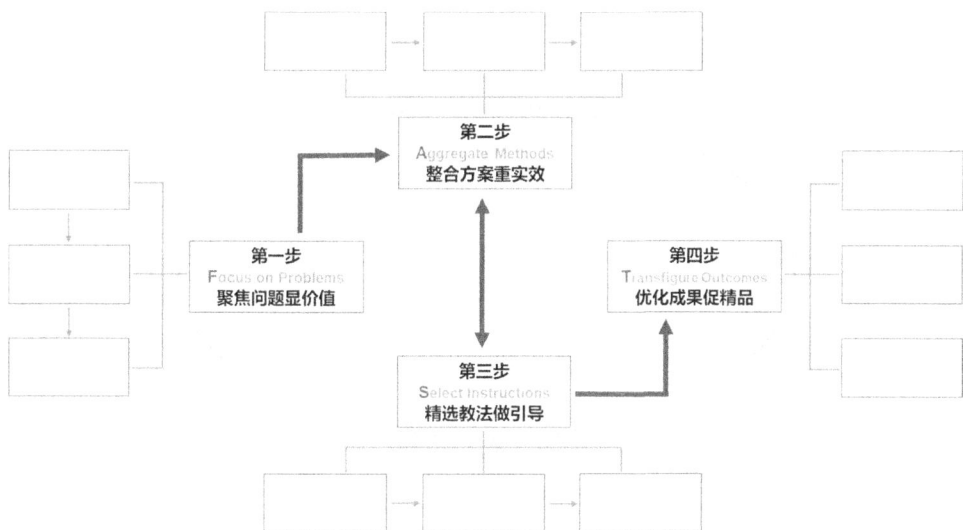

表 1-1 FAST 高效课程开发模型的子项目

1. 量化成果,让内容可衡量	7. 搭建结构,让内容更好记
2. 明确问题,初定开发方向	8. 引导思考,展示论证新知
3. 传承精品,开发教学手册	9. 萃取方法,让内容更有效
4. 引导体验,激发学习兴趣	10. 精雕细琢,三级验证优化
5. 梳理目标,突出价值定位	11. 引导应用,推进实践落地
6. 培训分析,选定价值问题	12. 锦上添花,美化 PPT 成果

参考答案

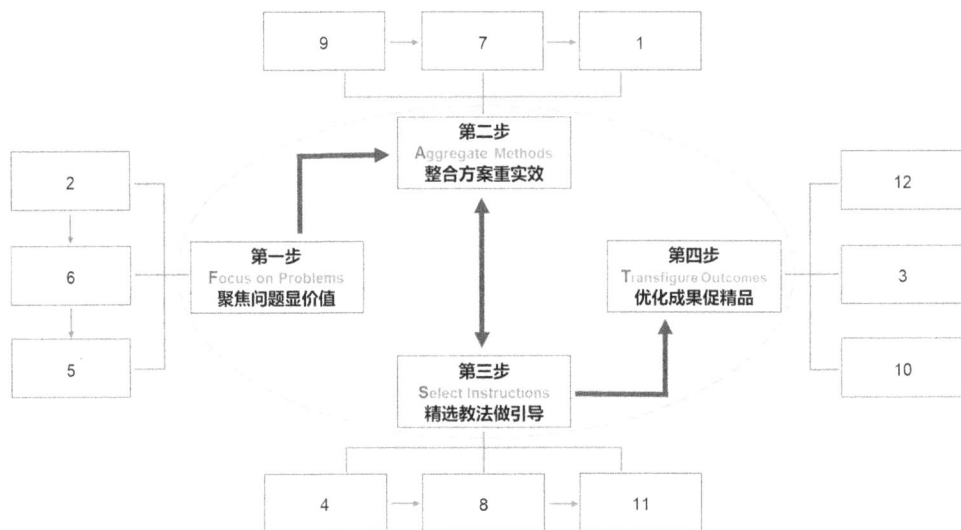

第二章

聚焦问题显价值

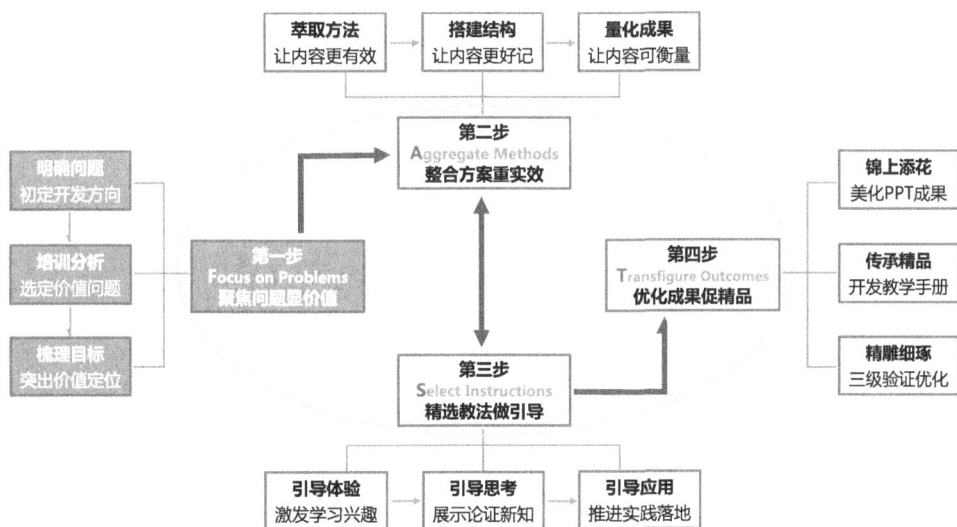

萃取方法	搭建结构	量化成果
让内容更有效	让内容更好记	让内容可衡量

第二步
Aggregate Methods
整合方案重实效

明确问题
初定开发方向

培训分析
选定价值问题

梳理目标
突出价值定位

第一步
Focus on Problems
聚焦问题显价值

第四步
Transfigure Outcomes
优化成果促精品

锦上添花
美化PPT成果

传承精品
开发教学手册

精雕细琢
三级验证优化

第三步
Select Instructions
精选教法做引导

引导体验	引导思考	引导应用
激发学习兴趣	展示论证新知	推进实践落地

彼得·德鲁克认为："当人们想达到一个目标，但是又不知道如何达到这个目标时，问题就产生了。"企业培训需求通常可以划分为被动产生的培训需求与主动产生的培训需求。被动产生的培训需求，是指为了解决已出现的问题而被动采取的培训。例如，培训部门因产品质量下降、投诉率增高、人员离职率增高等采取的培训就是被动产生的培训需求。主动产生的培训需求，是指企业为了顺应业务的开展、人才的培养或管理的需要而提出的具有前瞻性的培训需求。

从问题类型的角度来看，企业中的问题一般分为两种类型：待解决的问题和待实现的目标。待解决的问题属于发生型问题，具体表现为组织当前的业绩或效率与期望不符、存在差距，组织希望改进现状、缩小差距，如增加销售额、提升市场占有率、提高客户满意度、提升产品质量、缩短流程时间、降低成本等。这类问题的解决难点在于引发问题的原因很复杂，其中包含课程设计者无法掌控的复杂因素，如环境的结构性变化等。待实现的目标属于假设型问题，具体表现为组织的现状与预期是符合的，同时组织还希望实现比当前更高的目标。解决这类问题的困难之处在于理想的状况应该设定在哪个位置。如果设定得太高，就会让问题成为超复杂问题，反过来，如果设定得太低，则无法体现问题解决的价值。

爱因斯坦说："提出一个问题，往往比解决一个问题更重要。"从小处来看，问题可能是完成工作任务过程中遇到的障碍或困难；从大处来看，问题可能是一个新上岗的员工需要完成的任务。在本书中，无论是企业员工在工作中遇到的障碍或困难，还是一个新上岗的员工需要完成的任务，都统称为"问题"。

第一节　明确问题——初定开发方向

在明确问题阶段要搞清三个问题。第一个问题是需求的来源有哪些。企业的需求来源一般有三个：首先是公司高层，一般这类需求和公司的战略、发展方向有关；其次是公司的业务层，一般这类需求是希望通过培训提高员工的能力，从而提升员工的绩效；最后是人员的发展，随着公司的壮大，越来越多的人需要担任新的职务，走上新的岗位。为了使员工更好地适应新岗位的要求，一般需要对他们进行培训。第二个问题是培训对象是谁。培训对象是基层操作人员、中层管理者，还是高层领导？第三个问题是培训对象的现状与期望目标是什么。搞清这个问题，也就搞清了培训对象遇到了哪些问题和困难、问题和困难发生在什么情景或场景下，以及他们希望通过培训实现怎样的目标。

一、调研访谈，收集企业绩效问题

　　L 公司是一家生产和销售自有品牌的计算机系统及相关产品并在信息产业领域内多元发展的知名企业。近年来由于其他优秀品牌的加入，市场竞争趋向白热化，各个厂家的产品同质化现象也比较严重。为了提高产品销量，公司要求培训部门组织一次培训，目标是系统性地提高销售代表的核心销售能力。如果你是培训经理，你会怎么做？

　　看到这个培训需求，你会怎么做？直接采购培训课程还是深入调研？很多培训人员会选择深入调研。但多年的培训经验让笔者经常看到的现象是，很多培训经理或培训师头脑中想要做调研，但是不愿意也不敢走出去。

　　培训经理或培训师不愿意将调研付诸实践有四个原因。第一，害怕不配合。国内大多数企业的培训部门享受着老师的光环，却没有得到其他部门对老师应有的重视。尤其在处于快速发展期的企业里，业务部门是公司的主导，该部门的员工对培训调研往往做出三种反应：没时间，总是推脱自己工作忙；走过场，人来了思想没在；急匆匆，刚开始就问什么时候结束，在过程中一直看表。第二，内心不重视。培训经理或培训师认为自己懂业务，也清楚员工存在的问题，自认为已经在这个领域中比普通员工强很多，根本没有必要给自己找这个麻烦。第三，不知道问什么。在访谈时和调研对象只是简单聊天，提的问题大多是基础业务问题，而公司的岗位描述和公开报告对这些问题有着详细的说明，调研的结果很难与调研目标达成一致。有时在访谈过程中，培训经理或培训师还会成为收集业务部门牢骚的"垃圾桶"。第四，不知道用何种方式。调研的方式有很多，应该选用哪种方式？哪种方式才能达到预期的目标？使用哪种方式更容易得到调研对象的配合？应该如何整理收集到的数据？这些问题导致很多培训经理或培训师宁愿不做，也不愿意给自己找麻烦。

以上四类问题是造成培训经理或培训师不愿意也不敢走出去的罪魁祸首。害怕不配合的问题，需要用培训成果来向业务部门证明，培训经理或培训师要在实际工作中逐步解决。内心不重视的问题是意识问题，只要体验过调研给他们带来的好处，自然会有所改变。不知道问什么和不知道用何种方式的问题，是培训经理或培训师的个人能力问题，可以通过学习来解决。

（一）定范围，找对人群是关键

你玩过拼图吗？笔者曾经买过一份 1 000 块的拼图，拼了好久都没有什么进展，后来放在那里落了很多灰尘。直到有一次遇到了一个拼图高手，他告诉笔者拼图的秘诀：首先拼四周的图案，然后找到与四周图案相似的图块，随着四周被填得越来越满，最后很容易就把图片中的形状拼出来了。就这样，笔者完成了人生中第一个 1 000 块的拼图。

在拼图过程中，找到四周的图案是完成游戏的关键。在做需求调研的过程中，抓住关键人群是决定调研成败的关键。在进行需求调研时，以下四类人群是重点人群。

权威性人群。权威性人群包括部门主管、直线经理或公司高层领导等。在任何一个公司中，都是少数人决定着一个组织的发展和命运，这些少数人就是公司的管理层。清楚地了解他们对培训的期望和需求，是决定调研成败的关键。同时，在进行培训需求分析时，这些少数人可能会对员工的日常工作行为产生一定的影响。在调研时，建议对这类人群尽可能全面地覆盖。

代表性人群。代表性人群是指工作在一线、具备实践经验的员工。在调研一线员工时，尤其要关注绩优员工。根据"二八法则"，20%的核心骨干完成了公司80%的经营业绩。满足了这类人群的需求，也就满足了公司核心人群的需求。

特殊性人群。特殊性人群是指业绩较差的员工。通过将他们与绩优员工做对比，我们可以发现阻碍业绩提升的问题点和培训需求点。

协助性人群。协助性人群是指客户、外部供应商和离职员工。之所以被称为协助性人群，是因为他们并非公司内部资源，需要在调研时创造机会接触他们。访谈这类人群对全方位观察和判断问题有帮助作用，不过访谈这类人群对访谈人员来说是相当大的考验。

（二）选工具，五种方法做诊断

我们经常把调研访谈比喻为医生给患者看病，不同的调研方法就像不同的诊疗手段，医生会根据实际病症选择不同的诊疗手段。常见的调研方法有当面访谈法（做调研访谈时，除了面对面的方式，还可以通过电话或网络手段来做访谈）、问卷调查法、焦点小组法、综合观察法和资料分析法，这些方法各有优缺点，在实际工作中应当考虑组织的内外部环境和条件，在可能的范围内选择合理的方法，以达到需求分析的有效性。

1. 当面访谈法

当面访谈法像门诊看病，收集问题最全面。在门诊看病时，医生可以根据患者的实际情况做出相应的调整。在访谈过程中，访谈者能够充分了解被访谈者的需求、困惑和建议，还可以根据现场情况及时调整思路，对被访谈者提出更深入的问题。这种方法的难点是收集到的信息比较分散，数据的整合和分析难度大，对访谈者的亲和力和沟通能力要求高。当面访谈法是培训师的必修技能，一般在访谈关键人物或萃取专家经验时使用（关于萃取专家经验的方法将在第三章详细分享）。

成功完成一次当面访谈要经过三个阶段：准备阶段、实施阶段和跟进阶段。

（1）准备阶段。"凡事预则立，不预则废。"在当面访谈开始前，我们必须要做好充足的准备。当面访谈的核心是设计的问题能否挖掘出被访谈者的实际问题和真正需求。一个好的培训师，必须是一个设计问题的高手，通过提问了解被访谈者最真实的想法和期望，从而发现问题背后的问题，最后获得解决问题的方法和建议。在访谈中，可以向被访谈者提出以下五种类型的问题。这五类问题分别是事实性问题、需求性问题、结果性问题、探索性问题和确认性问题。

事实性问题。在访谈时，首先要提出一些简单问题，事实性问题就属于这类问题。提出事实性问题的目的一般是询问被访谈者的工作内容或他们遇到的困难或难题。这类问题的提出会让被访谈者感觉到访谈和他们有密切关系，从而引导其更好地完成访谈。例如：

- 在下属与您进行沟通的过程中，他们经常出现的问题有哪些？请举例说明。
- 您目前在工作中遇到的困难有哪些？请举例说明。
- 请描述一下目前您的部门或团队面临的重要的业务机会有哪些？

需求性问题。直接询问被访谈者对培训有哪些需求，或者需要通过培训帮助他们解决哪些问题。例如：

- 员工需要学习哪些新技术或新知识，才能满足组织的新战略要求？
- 您希望通过此次培训提升员工哪些方面的能力？
- 为了提升工作业绩，您希望提升哪些方面的能力？

结果性问题。结果性问题询问的是被访谈者用什么标准来判断问题改善或能力提升。这类问题是访谈的关键问题，务必要深入了解权威性人群的期望和衡量标准，这将直接影响培训后的效果评估。例如：

- 在您描述的问题上，您希望在培训后看到哪些改变？

- 您期望在培训后学员有哪些行为变化？

- 您判断学员行为改善的依据是什么？

探索性问题。这类问题帮助访谈者获得额外的、深层次的信息。访谈者通过提出探索性问题，可以找出最有可能导致问题产生的根源。只有找到问题的真正原因，才能知道培训是不是恰当的解决方案。在被访谈者回答问题的过程中，当遇到回答不清楚或需要深挖时，访谈者还需要使用探索性问题。例如：

- 关于××问题，您能再具体说一下吗？

- 您能对刚才的问题再举个例子吗？

- 您认为是什么原因造成了现在这样的结果？

确认性问题。这类问题能够确保你的理解和被访谈者的理解保持一致。确认性问题有助于保证访谈者理解的准确性和后续的总结跟进，建议访谈者在每次听完被访谈者对重要问题的回答后，及时进行确认。

通过提出确认性问题来理解被访谈者的回答，并完成初步思路的整理。这就像上学时做模拟考试题，在答完题后看一下正确答案，做到及时了解自己正确与否。你可以在访谈过程中与直线经理确认现有问题是由员工知识与能力的缺失造成的，还是由环境、市场、制度等原因造成的，为后期判定培训影响域打下基础。例如：

- 对于您刚才表达的内容，我的理解是您希望通过培训，让员工在卖场能够有针对性地为客户推荐新产品，并清晰地说出新产品的卖点和对客户的价值，是这样吗？

- 您刚才提到的这些问题非常重要，据我理解您最希望通过这次培训解决的问题是……

在访谈过程中，尽量多使用开放式问题来获得被访谈者更多的答案。在一些理解不清晰或者需要确认的地方，可以使用封闭式问题。

（2）实施阶段。实施阶段主要根据下述三部分进行。

开场问候。介绍此次访谈的目的和时间安排，对被访谈者的参与表示感谢。例如：

> 您好，非常感谢您能抽出宝贵时间接受我的访谈。此次访谈的目的是……这次访谈预计 30 分钟完成。

在做完开场寒暄后，可以总结之前收集的资料，并征询意见，看自己的理解是否正确。这样既可以表明你是做过精心准备的，也可以确定自己之前调查的准确性。在一般情况下，这样做会营造比较愉快的沟通氛围且减少沟通误差，同时也有助于你问出有深度的问题。

访谈实施。在访谈的过程中，一个个好的问题像一颗颗玉珠一样，只有穿起来才是一条美丽的项链。在访谈过程中，营造和谐的沟通氛围是访谈成功的关键。当然，作为访谈者，可以根据现场的实际情况来调整问题顺序，并适当增加一些问题。

告别感谢。感谢被访谈者的配合，并说明如有不明白的地方可能还会打扰他，希望他能够继续配合。例如：

> 感谢您的配合，耽误了您不少的时间，今天的访谈收获非常大。我会尽快整理一份访谈报告发给您，如有错误或不周全的地方，还请您多多指教。

（3）跟进阶段。在访谈结束后，访谈者需要总结访谈结果，并给被访谈者写一封感谢信，感谢信的内容包括感谢被访谈者的配合和对访谈关键内容的总结。访谈者总结访谈结果以及给被访谈者写感谢信的作用：首先，总结访谈结果能够帮助访谈者对所获知的内容进行反思，起到加强记忆的作用；其次，通过邮件或书面的形式与被访谈者确认访谈者理解的正确性，如有疏忽或者遗漏的地方，也可以请被访谈者及时修正和补充；最后，通过对被访谈者表达感谢建立良好的沟通关系，为后续工作的开展打好基础。

你可以这样写邮件的开头：

×××，您好。感谢您在百忙之中抽出时间接受我的访谈，我们的讨论结果对接下来的培训有很大的启示和帮助。在此附上我总结的几个关键点，若有遗漏或理解错误的地方请您给予指正。

【实例1】L企业访谈提纲设计与分析

L企业"销售主管及直线经理"访谈提纲

被访人姓名　　工作年限　　所属分公司

1　介绍项目背景与本次访谈目标

您好，非常感谢您能抽出宝贵时间接受我的访谈。我们目前正在开展针对公司销售代表销售能力提升的课程开发项目,此次访谈的目的是通过与您的交谈获得一些相关的信息，从而可以帮助我们更好地收集销售中需要改善的问题和销售代表需要提升的能力等，希望能得到您的配合。

2　访谈内容

2.1　在销售代表完成业绩的过程中，您认为他们遇到的最困难的事情是什么？请举例说明。（这个问题属于事实性问题。访谈目标是直接挖掘出销售主管和直线经理观察到的销售代表工作中存在的问题。）

2.2　在您的部门里，您观察到绩优销售代表的工作方法是什么？请举例说明。（这个问题属于事实性问题。在被访谈者回答这个问题的过程中，访谈者不仅要收集绩优销售代表的工作方法，还要收集他们在工作中的实际案例，这个问题在为下一个问题做铺垫。）

2.3　您认为普通销售代表与绩优销售代表相比有哪些方面的差别？请举例说明。（这个问题属于事实性问题。在提问过程中，通过绩优销售代表和普通销售代表的对比，获知他们之间有哪些差距,这些差距将成为培训的主要方向。）

2.4　您希望通过此次培训提升销售代表哪些方面的能力？（这是需求性

问题。通过直接提问的方式获得销售主管或直线经理希望提高销售代表的哪些能力。这个问题也是验证性问题，它与问题 2.1、2.2、2.3 是对应的，通过前后对比可以更准确地筛选出培训需求。）

2.5　您期望培训后销售代表有哪些行为变化？（这是结果性问题。提出这个问题是希望销售主管或直线经理能够说出看到哪些显性行为或变化就会认为培训有效果。）

2.6　您确认销售代表行为改善的依据是什么？（这也是结果性问题，它与上一个问题之间是递进关系。提出这个问题的目的是进一步了解销售代表的上级是通过什么样的方式来判断销售代表有行为改善的。2.5、2.6 这两个问题，可以指导访谈者有针对性地设计课堂练习和课后应用。）

3　结束语

感谢您的配合，耽误了您不少的时间，今天访谈的收获非常大。我会尽快整理一份访谈报告发给您，如有错误或不周到的地方，还请您多多指教。

在实际访谈中，提问可以不按照案例提纲中的问题顺序依次完成，访谈者可以根据现场问答情况自行调整问题顺序。需要注意的是，无论如何调整问题顺序，提纲中的问题都需要得到对应的答案才可完成访谈。根据被访谈者的回答，访谈者随时可以使用探索性问题挖掘问题的原因。在使用确认性问题时，访谈者需要时刻保持自己的理解和被访谈者的表达是一致的。

⚠ **注意事项　当面访谈法**

- **多准备。**准备事项包括邀约准备（人、场地），工具准备（纸、笔、录音设备），问题准备（访谈问卷）等。如有必要可以将问卷提前发给被访谈者，让他们提前有所准备，或者在现场为被访谈者准备一份问卷，便于被访谈者进行思考。访谈不是审讯，做到双方的信息平等对访谈结果很重要。

- **多倾听和记录**。倾听的要点在于让对方感觉到你在听，你可以加上一些表现性动作来增强对方的这种感觉。例如，身体前倾、适时点头、保持微笑和随时记录被访谈者说过的重要内容。

- **多赞美和肯定**。赞美和肯定的话语会让人心情愉悦，在访谈的时候多说赞美和肯定的话语非常重要。在访谈中常用的赞美和肯定的话语有嗯、是的、对、很好等。

- **少质疑**。在访谈中，切忌用质疑的口吻。例如，您说的这些都是真的吗？您这样做过吗？这样会让访谈气氛变得很紧张，也容易让访谈进行得不那么顺利。

- **少占时**。对于被访谈者的时间占用要严格控制，务必控制在 45 分钟内。在特殊情况下，可以征得被访谈者的同意，适当延长时间，但不要超过60 分钟，最佳的延长时间是 30 分钟左右。

2．问卷调查法

问卷调查法像健康普查，覆盖范围广泛。问卷调查法通过对目标人群的广泛调查，来发现被调查者希望解决的问题。问卷调查法的优点是范围广、实施速度快、成本低，可以使用在线调研工具，使数据收集自动化。缺点是很难预期被调查者如何解读问题，回应率可能会很低，无法获得问卷以外的内容，并且很难在收集信息的同时挖掘解决方案。

实施问卷调查工作分为三步：设计问卷、发放和回收问卷、分析结果。在这三步中，设计问卷是调查成功与否的前提。

一份调查问卷要包含三类信息：概要、正文和结束语。

（1）**概要**。概要包括两项内容。一项内容是标题，标题显示此次调查的主题和方向。例如，员工满意度调查。另一项内容是前言，前言对调查主题、目的、意义、调查单位及个人资料隐私保护等进行说明。概要类似于当面访谈的开场白，文字诚恳才能激发被调查者的参与兴趣。例如：

尊敬的女士/先生：

您好！

为了进一步了解公司管理人员的培训需求，现邀请您参加本次调查。

本次调查所有题目的答案并无对错之分，您只需根据您的实际情况进行选择或填写（选择题直接在您认为正确的答案下面打√，主观题请直接在相应文本框内填写答案）。

本调查只用于培训需求分析，与公司考核无关，我们将对您的答题情况严格保密。

以下题目无特殊说明均为单选。衷心感谢您的支持与合作！

（2）正文。调查问卷的正文是所要收集的主要信息，由若干问题及相应的选择项目构成。通过阅读被调查者对问题的答复，调查者对被调查者的情况有了较充分的了解。调查问卷包含如下两类问题。

① 开放式问题。开放式问题允许被调查者不受限制地填写答案，使之发挥主动性和创造性，从而使调查者能获取预料之外的有价值的信息。例如：

- 您认为员工缺乏工作动力的原因是什么？
- 为实现更好的销售业绩，您认为关键的行为是什么？

② 封闭式问题。事先设计好备选答案，被调查者只需从备选答案中挑选自己认同的答案即可。例如，当员工对某个问题的看法与您不同时，您通常会做什么？

- □ 允许员工自己辩解，并且会采纳正确建议。
- □ 允许员工发表意见，但只是听听而已，很少采纳。
- □ 总是试图说服员工接受自己的观点。
- □ 严厉斥责员工的看法，对员工的意见不理不睬。
- □ 其他。

（3）结束语。结束语包含感谢语和记录项。感谢语的出现标志着调查问卷的结束，也是对被调查者辛苦付出的认可。记录项包括调查时间和调查地点等信息。例如：

非常感谢您的参与，我们会根据您的反馈尽快安排好培训内容，谢谢。

填写日期＿＿＿年＿＿月＿＿日

【实例2】"职场沟通"调查问卷设计与分析

各位同事：大家好！

为了进一步提高公司的沟通效率，减少部门内和部门间的沟通成本，我们计划开发一门职场沟通类课程，特邀请您协助填写此问卷。您的意见将帮助我们开发出更加符合学员需求的培训课程。

本次调查所有题目的答案并无对错之分，您只需根据您的实际情况进行选择或填写（选择题直接在您认为正确的选项下面打√，主观题则直接在相应文本框内填写答案）。

本调查只用于培训需求分析，与公司考核无关，我们将对您的答题情况严格保密。

以下题目无特殊说明均为单选。衷心感谢您的支持与合作！

您的姓名： 年龄：

所在部门： 岗位：

1. 您在与上级的沟通中，经常出现的情景有哪些（可多选）：

A. 工作结果汇报 B. 提案申请

C. 接受任务 D. 绩效沟通 E. 其他（ ）

2. 您在向上级进行工作结果汇报的过程中，曾经遇到过哪些困难（可选

二项）：

A．汇报资料准备不充分

B．不能把握汇报重点

C．不能高效回答上级提出的问题

D．经常被领导打断，不能按计划进行汇报

E．其他（　　　）

3.您在向上级进行提案申请的过程中,曾经遇到过哪些困难(可选二项)：

A．提案资料准备不充分

B．提案风格与上级要求不匹配

C．申请方式不恰当（面对面、电话、邮件等）

D．提案要点表述不清晰

E．其他（　　　）

4.您在接受上级任务的过程中，曾经遇到过哪些困难（可选二项）：

A．上级表述内容难理解　　　　B．当有疑问时，不知如何提问

C．在明确目标后，不知如何确认内容　D．不知如何快速确认所需资源

E．有需求但不知如何向上级申请　　F．其他（　　　）

5.您在与上级进行绩效沟通的过程中,曾经遇到过哪些困难(可选二项)：

A．无法理解上级要求的绩效目标

B．绩效目标脱离自身实际，不知如何反馈

C．不知如何与上级确认绩效目标

D．在绩效反馈中，不知如何总结汇报

E．在绩效反馈中，不知如何确认绩效改进的内容与方式

F．其他（　　　）

6．您在与同事进行横向沟通时，经常遇到的情景有哪些（可多选）：

A．业务合作　　　　B．寻求帮助　　　　C．其他（　　　）

7．您在与同事进行业务合作的过程中，曾经遇到过哪些困难（可选二项）：

A．不知如何明确任务分工

B．不知如何与同事解决合作分歧，建立轻松的合作氛围

C．遭到同事批评不知如何处理

D．其他（　　　）

8．您在向同事寻求帮助的过程中，曾经遇到过哪些困难（可选二项）：

A．不知如何开口

B．不知如何让同事建立与自身合作的意愿

C．当对方拒绝时，不知如何处理

D．其他（　　　）

9．您在日常工作中会遇到哪些经常发生的关于沟通的情景或问题？请描述事情的经过或细节，我们会在培训中作为案例进行有针对性的讨论。（请举例说明）

非常感谢您的宝贵时间，我们会根据您的反馈尽快安排好培训内容，谢谢。

填写日期＿＿＿＿年＿＿月＿＿日

案例中的问卷调查对象是生产制造型企业入职半年至两年的员工，他们在工作中主要面对的沟通对象是上级和同级。所以，第1题和第6题直接列出了被调查者在面对上级和同级时所面临的主要沟通情景。列出这两个题目的目的是统计出被调查者在工作中最想解决的问题。在回收问卷后，占比高者会被作为优先选择的开发方向。第2～5题和第7、8题分别是第1题和第6题的延伸，目标是深入了解在面对上级和同级时，被调查者具体会遇到哪些问题。在

进行问卷分析时，我们可根据被调查者的选择确定课程开发要解决的具体问题。第9题用于收集一些关于沟通方面的案例。提出这个问题的目的有两个，第一个是通过案例描述进一步挖掘出新问题，第二个是将收集到的案例应用在后期的萃取经验和教学方法开发中。

如果提出的问题比较复杂或被调查者数量多，那么需要在调查前进行"预调查"。"预调查"的意思就是先找一小部分人进行调查，如果问卷设计有不足，就可以得到及时的修正。在完成"预调查"之后，再开始对大范围人群进行调查。

⚠ 注意事项 问卷调查法

- **便于读懂**。问题描述要清晰，避免歧义，尽量少用专业术语。
- **便于填写**。完成问卷的时间不超过 15 分钟。
- **便于统计**。封闭式问题和开放式问题结合使用。

建议在实际调研中，可以将问卷调查法与当面访谈法组合使用。在设计问卷时，多使用封闭式问题，这样会给后期的统计和分析带来很大方便。当然，设计封闭式问题对培训师的能力要求也会高一些，因为他们要预想到被调研者会从哪些方面回答问题。

3．焦点小组法

焦点小组法是一种引导技术，是通过群策群力的方式去发现问题、寻找答案的一种方法。这就像医生在碰到疑难病例或者需要完成难度非常大的手术时，会邀请医院内或院外的专家、教授、同行业领军人物一起进行疾病诊断一样。焦点小组法可以在收集绩效问题和挖掘问题要因时使用，它有助于团队达成共识。焦点小组法的操作流程，如表 2-1 所示。

表2-1 焦点小组法的操作流程

操 作 步 骤	详 细 说 明
第一步：内容介绍	1．陈述要研讨的问题，必要时要先澄清问题 2．说明会议流程、研讨方法、规则、时间、角色划分 3．陈述研讨规则 4．营造充分参与的氛围，激发创造的热情，引发思考
第二步：产生方案	1．个人独立思考并在便签纸上记录自己的观点 2．每两个人一组互相分享并激发新观点 3．小组选择若干有价值的观点，并写在卡片上 4．将产生观点的卡片粘贴到智慧墙上
第三步：方案类聚	1．张贴类别符号，小组轮流发言 2．不要急于概念化地采用直觉对观点进行类聚 3．对于不同的分类方式，进行充分沟通 4．尊重原创的意见
第四步：方案命名	1．整理类别 2．先为卡片数最多的类别命名 3．重复以上的动作，为剩下的每个类别命名 4．命名是一个将思维概念化的过程
第五步：查漏补缺	1．分析大的类别之间的关系，看是否遗漏重要的类别 2．每个类别下是否还有新的观点，补充类别下的观点 3．请参与者对整体成果发表意见 4．形成类别之间的关系图

【实例3】焦点小组法：是什么问题影响了团队凝聚力

在基层管理者带领团队完成任务的过程中，团队凝聚力是非常重要的，在一次课程开发调研中，高层管理者提出公司团队凝聚力差，希望培训部门能够通过培训的方式来提升团队的凝聚力。基于这个需求，培训师分别邀请基层管理者和中层管理者通过焦点小组法来共同探讨"是什么问题影响了团队凝聚力"。表 2-2 所示的内容是通过焦点小组法讨论的结果。

表 2-2　通过焦点小组法讨论的结果

中心词	以个人利益为重	处事不公平	不关注下属	对工作缺少担当	业务能力差	不会与下属沟通	下达目标不明确	在工作中爱拿架子	管理容易情绪化
具体问题	对下属要心机	严以待人宽以待己	不考虑下属的困难	不敢承担责任	专业能力不够	不善于倾听	决断力差，不清楚工作重点	太注重权威	情绪化
	说话不算数	不愿以身作则	不尊重下属	推卸责任	不懂业务不懂装懂	不能够倾听下属的意见	目标出尔反尔	亲和力不够	性格差异
		与下属争功	目中无人不顾下属的感受	责任心不强	在专业能力上不服人	欠缺职场沟通能力	没有明确的目标，瞎指挥		不够自信
		赏罚不分明	没有人情味	逃避责任		做不好承上启下的沟通	下达任务不合理		
						不懂得批评的艺术			

⚠️ **注意事项　焦点小组法**

- 每个小组 5~8 人，最多 5 个小组。将管理者、高绩效员工和低绩效员工严格分开，不能混杂。

- 会前通知要说清楚会议目的、讨论重点、时长和地点。不要说太多，焦点小组讨论需要参与者现场的反应。

- 一开始就要流畅，保持会议的节奏。

- 如果有费用支持，最好在公司以外的环境中进行小组讨论，这样会减少工作的干扰，也会让参与者更加放松。

- 在讨论过程中时刻保持敏感，掌控可能产生的消极情绪。

4. 综合观察法

综合观察法像中医问诊，对主观判断的要求高。综合观察法的优点是可以提供真实的绩效信息，获得的资料与实际问题之间的关联性较高，在观察的过程中调研者可以灵活地提出问题。难点是被观察者可以在观察过程中刻意调整他们的行为，同时观察到的信息也会因调研者的主观影响而产生误差。要想进行有效观察，最好的方式是自己事先体验一下这份工作。

综合观察法分为行为观察和会议观察两种方式。

（1）行为观察。行为观察，又被称作工作现场观察法，是调研者对工作现场所发生的问题、事件或行为进行观察并记录。行为观察又可以分为公开观察和隐蔽观察两种方式。公开观察是指调研者在调查地点公开身份，即被观察者意识到有人在观察自己的言行。隐蔽观察是指被观察者没有意识到自己的行为已被观察和记录，一般采用神秘访客的方式进行。

例如，在卖场观察销售代表的全部销售过程，调研者可以根据观察到的问题点，询问销售代表问题发生的原因。

调研者："我刚刚看到顾客对高端型号很感兴趣，您却向他推荐低端型号。"

销售代表："是啊，这些价格较高的型号不好卖。"

调研者："是不是就其功能而言定价太高了？"

销售代表："不是的，它们外观靓丽，运行速度快，绝对货真价实。"

调研者："那您刚刚为什么不推荐呢？"

销售代表："低端型号更便宜些，卖得也快些。我们还不习惯和专业人士打交道，又因为各种型号的销售提成大致相当，所以有时我更愿意推销这些低端型号。"

调研者："您是不是也希望这些高端型号卖得多一些？"

销售代表："当然啦，这样一来我们整个店的销售业绩将会提升。"

在上面这个案例中，调研者通过提出一系列的问题发现了销售代表不愿意卖高端型号的真相——销售代表只愿意卖自己熟悉的。

在观察过程中，调研者可以用表2-3所示的观察记录表记录观察到的行为和事件。

表2-3　观察记录表

调研者		被观察者	
日期		地点	
观察的工作或任务			
观察目的			
观察到的行为或问题	问题背后的原因		是否需要培训

（2）会议观察。会议观察是调研者通过参加有培训需求的部门或公司的日常会议来收集问题的一种方式。参加业务部门的会议一般需要提前申请，只有得到相关领导的许可才可参加。例如，Q公司是一家服装企业，在全国有很多的专卖店，培训师通过观察、记录早晚例会，从中发现导购存在的问题。在通过分析后，培训师即可针对这些问题开发课程内容。

在参加公司的重要会议时，调研者可以从高层领导的讲话中挖掘培训需求。领导或位高权重，或德艺双馨，或不苟言笑，或平易近人。但是，他们都有共同点：有话语权、有决策权、有资源分配权。在进行会议观察时，尤其要关注有高层领导发言的会议。高层领导的讲话不仅代表其个人，更多时候还代表着领导者的集体意见。领导讲话包含着组织层面对未来发展战略的深入思考、对内外部环境的准确判断、对各项工作的严密部署和精心安排、对各部门提出的任务指标和完成标准。这些都是培训需求分析不可或缺的制胜法宝。

调研者如何能够从领导讲话中解读培训需求？第一，解读战略规划。战略规划是公司领导在年度会议上讲话的重点，也是培训方案设计的方向和路标，一切培训项目都应当围绕着公司的战略规划进行。第二，解读业务指标。从会议中了解各个业务部门的 KPI，这既是培训部门与业务部门的沟通依据，也是让业务部门对培训部门产生依赖的法宝。双方围绕关键指标的沟通既满足业务发展需要，又能避免培训部门走冤枉路。第三，解读成功经验。公司内部培训师的主要价值是萃取组织智慧，传承最佳实践。从会议中可以挖掘出哪些经验需要传承，哪些方法需要提炼。第四，解读失败原因。通过会议发言和研讨，寻找由员工知识和技能的差距造成的绩效问题，也是挖掘培训需求的一种非常重要的方法。

⚠️ 注意事项　综合观察法

- 别摆出一副专家的派头，说一些被观察者听不懂的话。
- 尽量不要给被观察者提出行为建议，或者对被观察者表达认可或不认可。
- 在不同时间和地点对同一类人进行观察，以减弱被观察者的刻意表现。
- 如果事关重大，实施暗地观察。

5．资料分析法

资料分析法像远程会诊，业务水平是关键。资料的主要来源是问题报告、绩效记录、市场及产品规划、员工离职面谈记录等，培训师的业务水平决定了分析的结果。资料分析法的优点是不需要更多人的配合，收集资料耗时少。这种方式要求培训师清晰了解公司业务和市场环境，阅读和分析的工作量较大。

时刻了解公司的业务发展、产品的各种信息，对设计培训内容和组织培训实施是非常有益的。例如，公司推出一款新产品，培训师在做常规销售培训时，就可以第一时间将新产品的卖点和整理后的话术讲给学员，这些内容对学员的销售业绩会有一个直接的促进。培训师要做好企业的绩效顾问，资料分析工作同样是必修课，一般在每次调研前需要尽可能多地阅读有关被调研者的公开资料。

⚠️ **注意事项　资料分析法**

- 对收集到的资料要做好保密工作。
- 一般资料分析法和其他调研方法一起使用。
- 在收集资料时尽可能做到客观、全面。

（三）做调研，组合方法效果好

在选择调研方法时，调研者可根据实际情况选择多种调研方式的组合，具体原则如下：

因时而异。 根据调研的紧迫程度和所需要的时间来选择调研方法。

因地而异。 根据调研需要覆盖的范围选择调研方法。

因人而异。 根据调研者的现有能力选择调研方法。

因事而异。 综合以上因素，根据实际情况组合应用多种调研方法。

二、理清需求，准确描述问题现状

我们都有过看病的经历，医生在诊断病情的过程中，会不断向患者询问症状和表现，目的是更准确地把握患者的病情。例如，一个患者因为头疼去医院，在问诊的过程中，医生一般会像下面这样问他。

医生："哪里不舒服啊？"

患者："我头疼。"

医生："从什么时候开始的？"

患者："一个星期之前。"

医生："之前有没有类似的情况发生过？"

患者："没有。"

医生："最近几天你接触过什么？"

患者："最近几天我家隔壁养了一只小狗，我每天都会和它玩一会儿，不是因为对狗过敏才头疼吧？"

医生："之前你经常接触小狗吗？"

患者："之前在小区遛弯的时候，我也经常逗别人家的小狗。"

医生："还有和之前不同的情况吗？"

患者："这几天单位新买了一些办公家具，总有一股味道。"

医生：……

通过案例可以看到医生在问诊的时候，会一直问患者一些事实性问题。基于这些事实，医生做出更进一步的判断：患者的头疼是过敏造成的头疼，还是新家具释放的甲醛等物质造成的头疼？医生会根据不同的病因给出不同的处方。作为培训师，无论通过什么样的访谈方法，都必须尽可能地收集到清晰而准确的问题。把一个问题问清楚，已经解决了一半的问题。相反，如果不能把问题搞明白，后期就无法有效地求得解决方案。

（一）4W 拨开问题迷雾

在调研访谈时，收集到的问题经常会表现出如下四类现象。

说不清楚。只能停留在"工作效率很低""销售额总是上不去"等模糊描述上。

夸大其词。带有明显情绪色彩的陈述，"只要是 A 员工干的工作，根本就不能看"。

有所隐藏。出于某种原因和考虑，只透露一部分信息给你。

急于求成。希望在很短的时间内必须有明显的培训效果，甚至完全解决问题。

你要知道，这些模糊性的语言多半用来表述众多行为组合的结果。举例来说，如果某人被认定很有礼貌，这就是模糊性语言。如果用清晰的语言来表述，应该这样说："这个人会帮助别人开车门，会跟别人道早安，或者会在店内询问顾客是否需要帮忙。"我们经常说："重点不在于你说话的内容，而在于你说话的方式。"这句话其实不对，应该改成："你说话的内容和说话的方式都很重要。"当我们遇到模糊的问题时，通常都会围绕着主题打哈哈，避免把话说死，不愿切入重点。在组织内部，是不是经常使用英文缩写？在这个由 FYI（For Your Information，供你参考）、LOL（Laugh Out Loud，大笑）和 OMG（Oh My God，我的天）充斥的年代，有时候我们已经习惯模棱两可，避免直捣问题的核心。

在收集问题时，最为关键的要求是把模糊和易混淆的语意从被调研者的语意里移出，将需要通过臆测才能揣摩出来的语意清楚地问出来。作为被调研者，他们没有经过专业的训练，所以在传达需求信息时，不一定能清晰地告诉我们真正的需求是什么。正如苏轼在诗中所写，"不识庐山真面目，只缘身在此山中"。针对被调研者的模糊表述，培训师可运用多种提问方式使问题具体化、清晰化。表 2-4 中列出了准确描述问题的 4W 要素。

表 2-4　准确描述问题的 4W 要素

要　素	说　明
Who	谁的问题
What	出现了什么问题（差距/错误行为/负面结果）
When	问题出现在什么时间（时间/阶段）
Where	问题出现在什么场景中（地点/场合）

1.谁的问题（Who）

培训最终解决的是人的问题，在问题收集时首先要搞清的是"这是谁的问题"。问题需要具体到某个职位或某类人。如果目标人群的差异性较大，这对后期的梳理目标和萃取方法将会是一个很大的挑战。

例如，在为国内某知名航空公司的项目经理开发"任务推进"课程时，航空公司希望课程能够解决所有一线项目经理在项目执行中所产生的执行效率低、责任推诿、当遇到突发事件或困难事件时不知如何组织人力实施解决的问题。从问题的描述可以看出，这次课程要覆盖的是所有一线项目经理，这就意味着课程要解决的问题来自该公司的不同岗位，他们拥有不同的工作流程和工作内容。面对这样的复杂问题，在课程开发前必须做出取舍：方案一是找到重点人群，有针对性地提供任务推进的方法；方案二是针对所有人群，找到适合大众的工作方法。面对不同的选择，培训师不仅要梳理不同的目标，还必须整合相对应的有效方案。

2.出现了什么问题（差距/错误行为/负面结果）（What）

问题的描述要尽可能地具体，要能够让被调研者说出问题表现出的差距、错误行为和负面结果。有时候被调研者会说："现在我遇到的最大问题是部门员工沟通能力差。"这个表述显然是被调研者经过主观加工后的想法。作为有经验的培训师，要在这时追问："您说的部门员工沟通能力差，在工作中有什么具体表现吗？"这种提问方式类似于在当面访谈法中提出"探索式问题"。例如，表 2-5 列出的笼统与具体的问题描述对比。

表2-5　笼统与具体的问题描述对比

笼统的问题描述	具体的问题描述
总是效率低下	• 处理客户常规电话的时间太长，且达不到公司要求 • 不懂得用清单和行动计划来分配工作
班长管理不善	• 班长每周的报表都不能按时提交 • 班长在布置任务时，总有员工唱反调
不重视团队精神	• 在同事需要帮助的时候，不能及时给予力所能及的帮助 • 在和其他团队沟通时，不能使用正面积极的语言
太懒惰	• 当遇到困难时，很少主动要求负责专案计划 • 当经理不在公司的时候，不能按时完成分内的工作

3.问题出现在什么时候和什么场景中（When&Where）

问题出现在什么场景中是指问题出现在什么地点。这个问题是经常出现还是偶尔出现？这个问题是在项目的初期出现还是在项目结束的时候出现？发生问题的地点在哪里？是和平时的工作地点一样，还是有所不同？以上这些问题都是和"时间和场景"相关的问题，提出它们的目的是对问题做出限制。

时间和场景越清晰，收集到的问题就会越具体。例如，基层管理者在给下级安排工作时，由于自身对工作目标理解不清晰，经常出现传达命令不准确的问题。这个问题的限定条件就是"在给下级安排工作时"。针对这个问题，我们就需要从两个方面寻找对策，一个方面是如何让基层管理者清晰准确地接受上级命令，另一个方面是基层管理者在接到正确的指令后，如何将其准确无误地传达给下级。如果没有"在给下级安排工作时"这个限定条件，就可能造成考虑不周的后果，甚至可能找不到有效的解决方案。

（二）问题越具体，培训效果越明显

在体育和音乐训练中，比较强调"分块"学习。首先你要把整个动作或者整首曲子过一遍，看专家是怎么做的。然后把它分解为很多小块，一块一块地学习、掌握。在这种训练中一定要慢，只有慢下来才能感知到技能的内部结构，才能注意到自己的错误。在一所最好的小提琴学校里，甚至有禁止学生把一支曲子连贯演奏的要求，要求规定如果别人听出来你拉的是什么曲子，那么就说明你没有正确练习。职业的体育训练往往针对的是技术动作，而不是比赛本身。一个高水平的足球运动员只把 1%的时间用于队内比赛，把其他时间都用于各种相关的基础训练。据媒体报道，著名的篮球运动员科比·布莱恩特在成名之后，还每天坚持练习 800～2 000 次投篮，他认为只有这样才能保障赛场上的正常发挥。

同理，销售人员在每次学习时，最好不要学习整个流程的销售动作，而是有针对性地进行每个环节的训练，这样才能保证他们在面对客户时应用自如。在基于问题解决的课程开发中，问题越具体，解决后的效果越好。培训师最不希望看到的就是拿来一个大的问题，希望找到一个包治百病的妙方，那是不可能的。

例如，从表 2-6 中我们可以看到，遇到问题的主要人群是"入职一年以上的销售人员"，他们面临的主要问题是"在与客户初次见面时，由于不能精准地把握客户需求而造成跟单失败的结果"。销售属于复杂性工作，需要每步做到位才能产生理想的销售结果。很多时候，培训师在一次课程中将销售步骤和盘托出，然后根据时间顺序分重点讲解。这对刚刚从事销售工作的员工建立完整的销售思路和任务框架是有帮助的，但是对提升销售人员具体能力的帮助是不够的。

表 2-6　4W 问题梳理表

Who	When & Where	What
入职一年以上的销售人员	在与客户初次见面时	由于不能精准地把握客户需求而造成跟单失败的结果

表 2-7 中列出了更多的问题描述，供你参考。

表 2-7 梳理后的问题描述

序号	Who	When & Where	What
1	电缆验收人员	在验收过程中	由于把关不严、规则不清导致电缆带缺陷投运
2	上岗半年以内的新店长	在门店日常经营过程中	由于不了解资源规划触发的动机和关键点，导致现场资源分配不合理
3	基层员工	在汇报工作时	由于逻辑不清晰、重点不突出而导致不能将工作结果完整、精彩地呈现
4	基层管理者	在带领团队解决问题的过程中	由于缺少系统化的方法和技巧，导致耗费时间长，讨论结果难达成共识
5	银行大厅服务人员	在向客户推荐理财产品时	由于对产品卖点不熟悉，导致所推荐产品与客户的需求不匹配，推荐成功率低
6	视频技术人员	在客户项目现场	由于问题定位不准确、反馈细节不到位造成沟通成本增加、项目实施缓慢的后果

第二节　培训分析——选定价值问题

在上一节中，我们完成了问题的收集和整理工作，接下来我们将要对收集到的问题进行分析。通过三级课题筛选漏斗，分析出哪些问题属于培训影响域、哪些问题对企业最有价值、哪些问题适合企业内部自主开发。如果最终选定的问题只是表象问题，还需要通过三种分析工具对选定的问题进行要因分析，目的是挖掘出表象问题背后的本质问题，确保选定的问题的准确度和价值。

一、筛选排序，选定关键绩效问题

在调研访谈中，你会收集到很多问题，有时候多到让你感到无从下手，筛选排序就是将收集到的问题通过一定的条件进行排除，最终对选定的绩效问题进行课程开发。这正像打蛇一样，"七寸"是蛇的心脏部位，一受到重创就会给蛇造成致命伤害。找到培训能解决的关键绩效问题就像打蛇的"七寸"，用最小的力气取得最大的成果。

【实例4】当面对多个问题时，如何选定课程开发主题

1）收集问题并对问题进行分类

A企业是一家著名的餐饮连锁企业。近半年来，公司总部经常接到来自餐厅顾客的投诉。有人投诉服务员在点餐时态度生硬；有人投诉餐厅对老人缺少照顾，导致老人在餐厅内滑倒等。由于投诉量一直居高不下，公司总部希望培训部门能够组织一次培训，解决一下投诉多的问题。培训部门在对管理者、基层员工、用餐顾客进行调研后，收集到了一些问题（见表2-8）。

表2-8 培训部门收集到的问题

1. 服务员对菜品口味及特色不了解
2. 门口缺少迎宾人员接待
3. 顾客进餐厅后无服务员引导入位
4. 对老人、儿童等特殊人群缺少关注
5. 有优惠政策不及时告知
6. 不能及时为幼儿提供儿童餐椅
7. 不能满足顾客的特殊需求，如孕妇不吃味精、鸡精等
8. 忘记顾客提出的特殊要求，如少盐
9. 服务员不能合理推荐菜品
10. 在用餐过程中，偶尔发生顾客东西被盗的事件
11. 在人多时顾客进店无人理

12．在过道遇到顾客不避让

13．用餐时不能提供免费 Wi-Fi 服务

14．等待上菜的时间长

15．面对投诉服务员无言以对

16．当顾客点餐时服务员语气生硬

17．顾客在吃饭过程中经常需要到停车场挪车

18．在顾客用餐完毕之后不主动询问是否开发票

19．结账时等待时间长

20．在顾客下单后才提出某些菜品无法提供

21．顾客寻找停车位的时间太长

22．在上菜后不报菜品名称

23．不告知顾客同等菜品有分量多少的区别

24．投诉不响应，既不向上反映也不处理

当你第一眼看到这 24 个问题时，是不是被吓到了？如果我告诉你，上面 24 个问题是筛除了和本次调研主题不相符的问题以及描述含混不清的问题后剩下的问题，你会做何感想？筛选问题是非常考验培训师的逻辑分析能力和思考能力的一个环节，需要培训师使用正确的方法并不断积累经验才能更好地完成。

面对上面的 24 个问题，首先要做的事情是将问题进行归类。培训师可以根据问题的特征归类，也可以根据问题的来源归类。例如，表 2-9 展示了根据问题的特征分类后的结果。

表 2-9　根据问题的特征进行分类

问 题 描 述	分类后的中心词
投诉不响应，既不向上反映也不处理 面对投诉，服务员无言以对	投诉问题处理不当

续表

问 题 描 述	分类后的中心词
有优惠政策不及时告知 不告知顾客同等菜品有分量多少的区别 在顾客用餐完毕之后不主动询问是否开发票	缺少主动告知
当顾客点餐时服务员语气生硬 在过道遇到顾客不避让 在人多时顾客进店无人理 门口缺少迎宾人员接待 顾客进餐厅后无服务员引导入位	服务细节不到位
在上菜后不报菜品名称 在顾客下单后才提出某些菜品无法提供	服务细节不到位
服务员对菜品口味及特色不了解 服务员不能合理推荐菜品	菜品知识欠缺
等待上菜的时间长 结账时等待时间长	用餐等待时间长
对老人、儿童等特殊人群缺少关注 不能及时为幼儿提供儿童餐椅 不能满足顾客的特殊需求,如孕妇不吃味精、鸡精等 忘记顾客提出的特殊要求,如少盐	对特殊顾客缺乏关注
顾客寻找停车位的时间太长 顾客在吃饭过程中经常需要到停车场挪车 在用餐过程中,偶尔发生顾客东西被盗的事件 用餐时不能提供免费 Wi-Fi 服务	安全和便利性差

　　归类之后的问题看起来就整齐多了。目前你看到的呈现方式是用表格来呈现,为了产生更好的视觉效果,也可以采用鱼骨图或逻辑树的形式呈现结果,鉴于版面原因笔者就不在书中详细展示了。

　　在筛选排序时,笔者建议你邀请业务部门的负责人一同完成问题筛选,这样将为在选题阶段与业务部门达成共识打下基础。

（一）三级课题筛选漏斗，选定开发主题

三级课题筛选漏斗是通过三级筛选的方式，锁定期望通过课程开发解决的问题。三级课题筛选漏斗的三个级别的顺序分别是是否可通过培训解决、问题是否有价值，以及是否有内部专家。每级都将筛除不适合进行课程开发的问题，如图 2-1 所示。

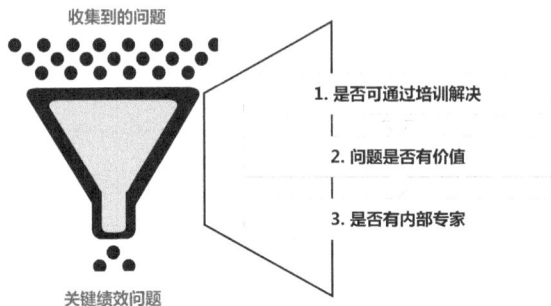

图 2-1　三级课题筛选漏斗

（二）第一级筛选：是否可通过培训解决

并非所有问题都能通过培训解决。培训能够解决的是人的问题，是关于员工"能不能"的问题，是由人的知识、技能和态度方面的差距造成的企业绩效问题。培训能解决的，我们称为"培训影响域"。其他的如制度、体制、环境等非人为因素，很难通过培训解决，我们称为"非培训影响域"，这些问题如果想通过培训来解决，必须被分解为由人的知识、技能、态度等方面的差距造成的问题。如图 2-2 所示，关于专业技能和素质能力的问题，属于"能不能"的类别，是可以通过培训解决的；关于意愿和认识的问题是态度问题，属于"想不想"的类别，培训对其起到的作用是影响；关于资源和体系的问题属于"可不可以"的问题，这类问题不能通过培训来解决。

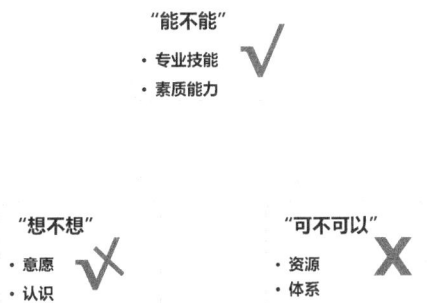

图 2-2　各类问题与培训的关系

2）选择培训能解决的问题

经过与业务部门一起商讨，培训师做出的最终判断是，在表 2-10 中，"用餐等待时间长"和"安全和便利性差"是流程和环境问题，属于"非培训影响域"，首先被排除在第一级漏斗外。在这里培训师要注意，由于在第一级筛选时是依照问题的分类进行的，所以在最终决定筛除问题前，需要回到原来的问题分类表中核对一下，是否可以把有些问题调整到其他的分类项下。

表 2-10　培训影响域筛选表

问　　题	培训能解决的问题			培训不能解决的问题
	知　识	技　能	态　度	
投诉问题处理不当		√		
缺少主动告知			√	
服务细节不到位		√	√	
菜品知识欠缺	√			
用餐等待时间长				√
对特殊顾客缺乏关注		√	√	
安全和便利性差				√

（三）第二级筛选：问题是否有价值

经过了第一级漏斗的筛选，接下来我们要选择那些对企业绩效贡献大的问题。什么样的问题对企业绩效的贡献大？是对企业生存和发展起到关键作用的问题，是急需解决的问题，是正在由局部蔓延到整体的问题，是随着时间推移快速恶化的问题，是经常发生的问题。反之，如果选择的问题和上述的要求背道而驰，结果只能是自己付出了很多，却很难得到各业务部门的认可。

根据以下五个标准判断问题是否有价值。

重要性。这个问题对企业来说是核心业务问题吗？

紧急性。这个问题是必须快速解决的问题吗？

影响性。这是一个局部问题或个性问题，还是一个整体问题或共性问题？

趋势性。问题是否会变得越来越严重或随着时间的推移逐渐消失？

频繁性。问题是否经常产生？

在第二级筛选中，我们运用"问题优选矩阵"来对问题进行排序。针对每类问题，根据上述五个标准从 1 分至 10 分进行打分。在每个判断标准中，1 分为最低，10 分为最高。例如，在重要性标准中，1 分为不重要，不是企业的核心业务问题，10 分为很重要，是企业的核心业务问题，打分结果见表 2-11。

3）选择有价值的问题

如表 2-11 所示，在通过"问题优选矩阵"对问题进行排序后，根据得分的高低列出导致餐厅服务质量下降的主要因素分别是"服务细节不到位""对特殊顾客缺乏关注""投诉问题处理不当"和"菜品知识欠缺"。对于"缺少主动告知"这个问题，培训不是最佳解决方案，建议通过其他方式解决。例如，通过在餐厅内张贴 POP 广告或在桌面张贴公告等方法解决。经过深入分析，我们将"服务细节不到位"和"对特殊顾客缺乏关注"合并为"缺乏客户服务技巧"。就这样，经过第二级筛选，我们得出需要通过培训解决的问题：1. 缺乏客户服务技巧；2. 投诉问题处理不当；3. 菜品知识欠缺。

表 2-11 问题优选矩阵

问　　题	重要性 1~10 分	紧急性 1~10 分	影响性 1~10 分	趋势性 1~10 分	频繁性 1~10 分	综合 优选评估	排 名	是否 保留
投诉问题 处理不当	9	6	4	8	3	30	2	√
缺少主动告知	6	4	4	4	4	22	4	
服务细节 不到位	8	7	4	8	4	31	1	√
菜品知识欠缺	8	6	6	3	4	27	3	√
对特殊顾客 缺乏关注	8	8	4	7	3	30	2	√

（四）第三级筛选：是否有内部专家

第三级筛选标准为是否有内部专家。在这一级筛选中，需要判断的是哪些问题适合企业内部开发，哪些问题适合外部采购，哪些问题适合通过其他手段来解决（如标杆学习、行动学习等）。如图 2-3 所示，在课程开发选题矩阵中，第一象限属于公司业务内容且内部专家多，例如，基于公司核心产品的销售技巧。对于这样的问题，建议采用内部开发，课程设计人员可以运用萃取内部专家经验的方式获得问题的答案。第二象限属于通用能力（非公司核心业务）且内部专家多，如沟通或团队类课题。这样的课题有很多的成熟课程和方法论，建议根据公司实际情况进行定制开发。第三象限属于通用能力（非公司核心业务）且内部专家少，如中层管理或招聘类问题。这类问题建议用直接采购外部课程的方式来解决。第四象限属于公司业务且内部专家少，这类问题建议通过向同行业标杆企业学习或非同行业的相关岗位跨界学习来解决。综合以上四种情况，内部专家多的问题适合企业内部开发，所以我们将这一级的筛选标准称为"是否有内部专家"。

图 2-3　课程开发选题矩阵

4）选定课程开发主题

针对第二级漏斗筛选出的三类问题，投诉问题处理不当属于第三象限的问题，建议从外部采购相关课程内容，在培训之后可根据公司实际进行深入的案例开发。缺乏客户服务技巧和菜品知识欠缺属于公司业务且内部专家多的第一象限，建议由内部专家开发并讲授。

二、挖掘要因，探寻问题的本质

有一天，动物园的管理员们发现袋鼠越过栅栏里跑了出来。于是，大家开会讨论如何应对，与会人员一致认为栅栏的高度过低，于是决定将栅栏的高度增至 2 米。没想到，第二天居然又看到袋鼠全跑到了外面。管理员们大为紧张，决定将栅栏的高度增加到 3 米。一次，长颈鹿和几只袋鼠在闲聊。"你们看，这些人会不会再继续加高你们的栅栏？"长颈鹿问。"很难说。"袋鼠说，"如果他们再继续忘记关门的话！"

通过这个故事我们可以很容易发现，我们以为的问题并非真正的问题。如果在这时候，我们直接给出自己认为正确的答案，结果当然会出问题。维特根斯坦说："洞见或透视隐藏于深处的棘手问题是艰难的，因为如果只是把握这一棘手问题的表层，它就会维持原状，实际问题根本得不到解决。因此，必须把它'连根拔起'使它彻底暴露出来。"

对一个培训师而言，在开发课程时，经常会遇到复杂问题。复杂问题指的是收集到的问题只是问题的表象，深层的原因需要分析后才可显现。这就像著名的冰山模型一样，冰山下的问题才是解决问题的关键所在，这时如果不挖掘问题的根本原因，就会变成只对问题的表象进行简易处理。例如，公司营业额减少，因此就培训员工，但如果导致营业额减少的原因是市场已经饱和，就很难见到效果；公司投诉增加，因此就增加客服人员，但如果产品本身有问题，便只会治标不治本。

1912 年，豪华巨轮"泰坦尼克号"与冰山相撞而沉没，这场海难被认为20 世纪人间十大灾难之一。泰坦尼克号当年号称"史上最安全、最坚固的游轮"，在撞冰山后也没能逃脱厄运。这是因为你看到的冰山只是表面现象，它真正的能量隐藏在海水下面（见图 2-4）。如何找到冰山下隐藏的问题真相，是我们需要探讨的问题。

挖掘问题要因有三种常用工具，分别是 5Why 分析法、鱼骨图法和对比分析法。

问题背后的原因

图 2-4　冰山模型

（一）5Why 分析法，层层剥茧有深度

5Why 分析法，又称剥洋葱法。5Why 分析法是对一个问题点连续问五个"为什么"以追究其根本原因。虽为五个"为什么"，但在使用时不限定只做五次"为什么"的探讨。为了找到根本原因，有时可能只问三次"为什么"，有时也许要问十次"为什么"。5Why 分析法的关键在于鼓励解决问题的人要努力避开主观或自负的逻辑陷阱，从结果着手沿着因果关系链条，顺藤摸瓜，直至找出原有问题的根本原因。

丰田汽车公司前副社长大野耐一，曾通过 5Why 分析法找出机器停止工作的真正原因。

问题一：为什么机器停了？

答案一：因为机器超载，保险丝烧断了。

问题二：为什么机器会超载？

答案二：因为轴承的润滑度不足。

问题三：为什么轴承的润滑度不足？

答案三：因为润滑泵失灵了。

问题四：为什么润滑泵会失灵？

答案四：因为它的轮轴耗损了。

问题五：为什么润滑泵的轮轴会耗损？

答案五：因为杂质跑到里面去了。

在连续五次不停地问"为什么"之后，才找到问题的真正原因（杂质跑到润滑泵里面去了）和解决问题的方法（在润滑泵上加装滤网）。

试想一下，如果大野耐一只问了一个"为什么"，他只会更换保险丝。问了两个"为什么"，他会补充润滑剂。问了三个"为什么"，他会更换其他品牌

的润滑剂。当问了四个"为什么"时，他会更换轮轴。直到问到第五个"为什么"，他才找到了问题的根本原因。如果没有以这种追根究底的精神来发掘问题，很可能只是换一根保险丝草草了事，真正的问题还是没有解决。

在运用 5Why 分析法后，我们首先根据问题的表象解决问题的燃眉之急，然后探究问题出现的根本原因，彻底搞定问题。在辅导某软件企业开发课程时，学员提供了一个真实故事。

小高是技术部门最牛的员工，长期以来其他员工有什么难题都找他来解决。一次他负责一款安全产品的开发，连续出现了 10 多处漏洞，经过反复努力也没有彻底解决，最后项目经理不得不换了其他开发人员，结果该项目延迟了 2 个月才完成。

问题一：这款安全产品的开发是谁负责的？

答案一：这款安全产品的开发是小高负责的。

问题二：这款安全产品除了小高还有谁参与了开发？

答案二：除了小高，后期小李也有参与。

问题三：为什么小李也没能修复产品漏洞？

答案三：小李缺少前期开发的一些资料，很多代码需要重新编写。

问题四：为什么小李没有获得全部开发资料？

答案四：关于前期资料，小高不愿意与小李进行更多的沟通。

问题五：为什么小高在沟通中不愿意配合小李？

答案五：小高想自己把问题解决掉，担心小李解决了问题自己没面子。

通过 5Why 分析法，我们发现了问题的真正原因："小高担心小李解决了问题自己没面子"。所以，不是小高的沟通能力不行，而是他处理问题的心态不对。

（二）鱼骨图法，多维分析更全面

鱼骨图法是一种发现问题的"根本原因"的方法。鱼骨图（见图 2-5）由日本管理大师石川馨先生发明，故又名石川图。其特点是简洁实用，深入直观。在"鱼头"处标记问题，在"鱼骨"上列出导致问题出现的可能原因。鱼骨图的每个大要素与其下面的中、小要素之间是包含和被包含的关系，层层聚焦，逐渐深入。

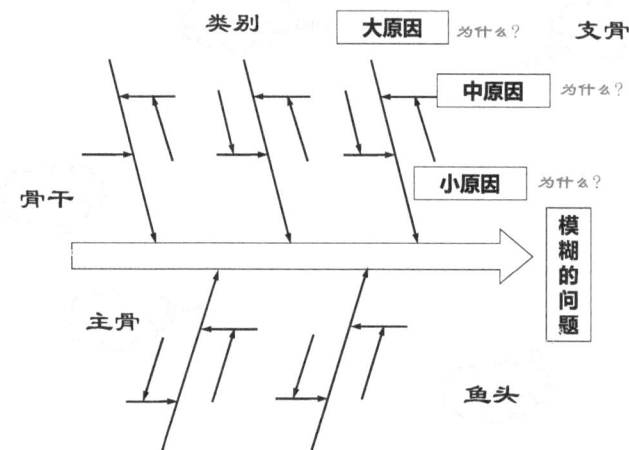

图 2-5　鱼骨图

使用鱼骨图法进行原因分析通常有以下三个步骤。

确定大原因（骨干）。当面对问题的时候，我们通常从人员、机器、原料、方法、环境五个方面去寻找原因。鱼骨图的各大要素之间是并列关系。

常见的分类方式如下。

- 现场问题：人员、机器、原料、方法、环境。

- 销售问题：产品、制度、环境、促销。

- PDCA：计划、执行、检查、处理。

- 人：知识、技能、态度。

发现可能的中、小原因（主骨和支骨）。尽可能多而全地找出所有原因（可采用头脑风暴法），而不限于自己完全掌控或正执行的内容，主骨和支骨必须和对应的骨干属于同一类别。

选取重要原因。在所收集到的详尽数据与事实的基础上，选择认为重要的原因（通常不超过三个）。

【实例5】鱼骨图法：分析员工士气低落的原因

Q公司是一家服装企业，在全国有1 000多家连锁店。近两年，随着公司加盟店铺数量的增长和公司规模的不断扩张，新员工的数量也比以前增加了好几倍。最近公司多个部门主管反映员工士气低落、离职率高，希望培训部门能够组织几次阳光心态的课程，给员工加把劲儿。

如果你是这家公司的培训经理，你会怎么做？是安排老师上几次阳光心态的课，还是深入分析一下造成员工士气低落的原因？在现实工作中，大多数培训经理会选择第一种做法。当然，此时此刻，更多的人会选择第二种做法。这是一个真实的案例，让我们来还原一下当时分析的经过。

第一步：画出鱼骨图的骨干，并确定问题产生的大原因。分别从环境、发展、人员和制度四个方面分析原因，如图2-6所示。

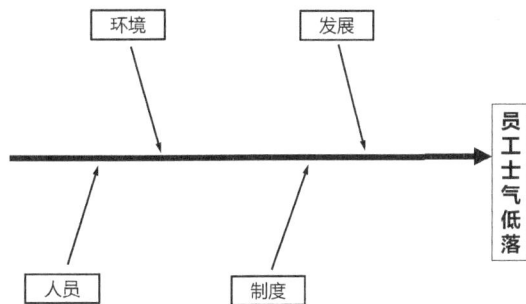

图2-6　鱼骨图骨干

　　鱼骨图分析的第一步为选定分析问题的方向,这为下一步深入分析问题奠定了思考的方向和基础。如果这一步没有做好,接下来也可以依据实际情况进行调整。

　　第二步:针对每个大原因,通过头脑风暴法找出可能导致问题产生的原因。这个头脑风暴的过程更准确地说是一个思维发散的过程,目的就是让参与分析的人尽可能地说出导致问题出现的原因。

　　经过对人员、制度、环境和发展四个方面的分析,得到图 2-7 所示的结果。在这个分析过程中,虽然我们明确地知道有些问题根本不是培训能解决的,但也要尽可能地记录下来。因为这些不能通过培训解决的问题可能会成为培训结果的影响因素,需要我们在制定培训目标的时候充分考虑。

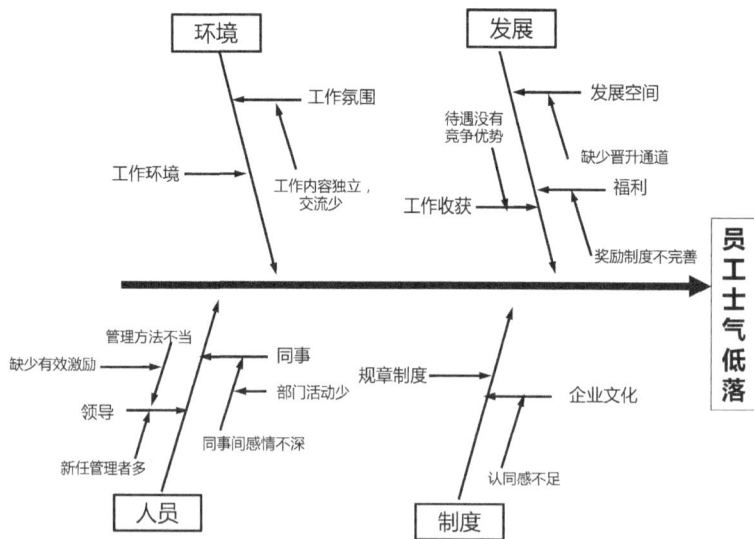

图 2-7　可能导致问题产生的原因

　　第三步:选择重要原因,如图 2-8 所示。在选择重要原因这个环节,首要原则是不要选择太多,而是尽可能找到问题背后的核心问题。然后,要找到能够通过培训解决的问题,这时可以使用“三级课题筛选漏斗”来做出判断。

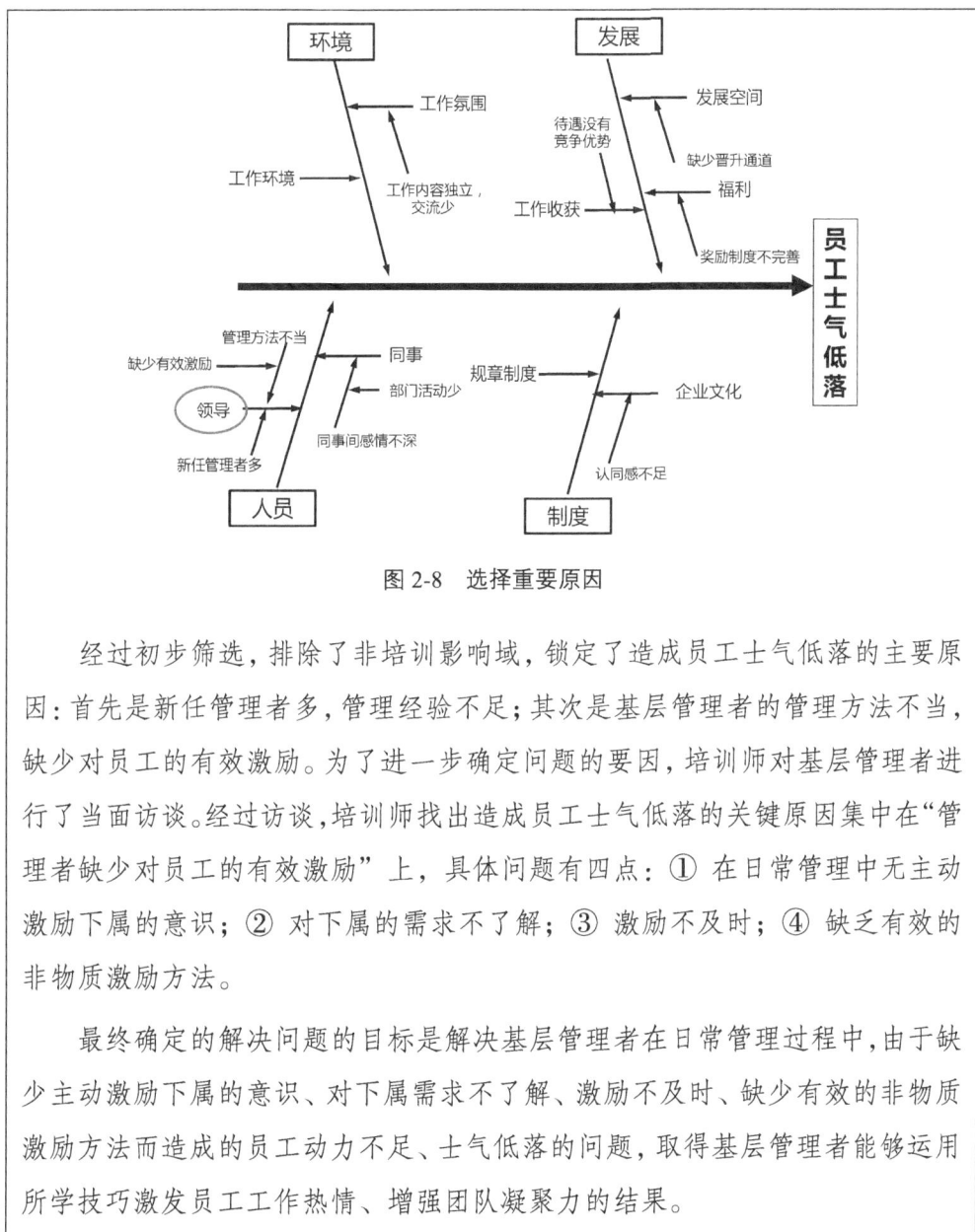

图 2-8 选择重要原因

经过初步筛选，排除了非培训影响域，锁定了造成员工士气低落的主要原因：首先是新任管理者多，管理经验不足；其次是基层管理者的管理方法不当，缺少对员工的有效激励。为了进一步确定问题的要因，培训师对基层管理者进行了当面访谈。经过访谈，培训师找出造成员工士气低落的关键原因集中在"管理者缺少对员工的有效激励"上，具体问题有四点：① 在日常管理中无主动激励下属的意识；② 对下属的需求不了解；③ 激励不及时；④ 缺乏有效的非物质激励方法。

最终确定的解决问题的目标是解决基层管理者在日常管理过程中，由于缺少主动激励下属的意识、对下属需求不了解、激励不及时、缺少有效的非物质激励方法而造成的员工动力不足、士气低落的问题，取得基层管理者能够运用所学技巧激发员工工作热情、增强团队凝聚力的结果。

（三）对比分析法，通过差别找要因

对比分析法，是指假设两个类似的事物，其中一个事物（下称"问题事物"）发生了问题，而另一个事物（下称"正常事物"）没有发生任何问题，那么"问题事物"身上一定发生了一些事情，而这些事情并未发生在"正常事物"上。那些在"问题事物"上发生而未在"正常事物"上发生的事情是线索，这些线索反映了"问题事物"和"正常事物"在问题发生的前一段时间内存在的差异，而这些差异有可能就是导致"问题事物"出现问题的原因，即"可能原因"。

　　"对比分析表"是将遇到问题的事实与比较的事实进行对比，找到偏差，然后找到导致问题出现的根本原因的工具，如表2-12所示。

表2-12　对比分析表

对 比 内 容	遇到问题的事实	比较的事实	偏　　差
内容比较 出现了什么偏差			
人物比较 发生在谁的身上 关联人是谁			
时间比较 偏差是什么时候被发现的			
环境比较 偏差发生在何处 偏差发生在事物的哪个部分			
范围比较 发生偏差的程度 偏差的影响广度			

　　下面我们来看一个例子。

　　你老家的房子附近有一片小树林，这片可爱的小树林在你家附近已经存在了几十年，是你家几代人夏日乘凉的乐园，小时候你总在那里和小伙伴玩耍。多年后当你回到老家的时候，你发现小树林中有一些树的叶子开始枯黄，有些树甚至已经枯死。可是大多数的树却郁郁葱葱，依旧容光焕发。是什么原因让一些树树叶枯黄甚至枯死，你决定一探究竟。

我们运用对比分析法来调查一下事情的真相，表 2-13 展示了对比分析结果。

表 2-13　对比分析结果

	遇到问题的事实	比较的事实	偏　差
是什么	一些树树叶枯黄甚至枯死	其他大部分树没有问题	性质不同
在何地	小河附近的树将要枯死	远离小河的树没问题	位置不同
在何时	从去年春天开始出现这种问题	大部分树几十年来一直郁郁葱葱	时间不同
问题程度	问题越来越严重	保持不变	趋势不同

经过比较，我们发现最重要的不同点是"位置"，将要枯死的树是从去年春天开始出现问题的，而且离小河近。远离小河的树很正常，并且在去年春天以前所有的树都没问题。然后我们还可以看到"时间"是另一个重要的不同点。所以接下来你需要分析在去年春天或更早一些时候，小河附近甚至小河的上游发生了哪些变化。这样顺着对比出的差距去分析，最终发现在一年前有个小工厂建成，工厂位于小河上游，工厂排出的污水流进小河，导致临近河边的树树叶枯黄甚至枯死。至此，通过对比分析法，我们找到了一些树树叶枯黄甚至枯死的真正原因。

开发能够解决问题的课程，关键是找到需要解决的真正问题，这是决定培训能否实现价值的核心。这正像医生看病，同样是头疼，是感冒引起的，还是环境引起的？是饮食引起的，还是外界刺激引起的？头疼的病因不同，用药自然会不同。

第三节　梳理目标——突出价值定位

我们先来看一个生活中的真实故事——"钱小美减肥"。

钱小美大学毕业三年，在一家大型国企做会计。会计工作的工作性质让她每天绝大部分时间都要坐在办公桌前。这样的工作状态让钱小美从刚毕业时不过 100 斤的苗条淑女变成了 140 斤的微胖美女。在三个月后，钱小美计划和相处了两年的男友步入婚姻的殿堂。每个女人都希望在婚礼上呈现最美丽的自己，钱小美也不例外。基于这个原因，钱小美想减肥，想在三个月之内减掉 40 斤，恢复刚刚毕业时的曼妙身姿。

类似钱小美这样的情况，在生活中比比皆是。从可行性来说，在三个月内减 40 斤，完全可以实现。但是，按照世界卫生组织的建议，减肥最好保持每月 1～3 公斤的速度，超速将损害肝脏和内分泌系统、加重心脏负担，而且会导致体内钙质大量流失，成年人想补回钙质将十分困难。钱小美如果在结婚后打算很快要小孩，这次减肥将会给她带来不可预知的风险。

如果你是钱小美，你会怎么办？对，设置一个合理的目标，既让自己在婚礼上不留遗憾，又能够照顾到自己的身体机能。基于现状与理想目标之间的差距设置一个切合实际的目标，无论是对于问题的拥有者，还是对于问题的解决者，都是一件双赢的事情。

一、制定目标，清晰描述课程价值

通过前期对问题的收集、筛选和锚定，我们已经找到了希望通过培训方式解决的绩效问题，接下来的一步还不是开发教学内容，而是要制定解决问题的目标。同样的问题由于目标不同，所对应的解决方法也会不同。

（一）定量目标 VS 定性目标

解决问题的目标分为两种类型，一种是定量目标，一种是定性目标。定量目标是可以用数字明确下来的目标，如在三个月内将员工满意度提升 10%。在"钱小美减肥"的案例中，她制定的目标就是一个可衡量的目标，是能够通过称体重快速检验的定量目标。定性目标是用变化的趋势来表现问题达到的目标，如能够对在现场发现的问题进行有效的排查和整改。

选择定性目标还是定量目标，要根据问题的实际情况来定，并不是每个目标都能够做定量化处理。在制定课程开发目标时，你既要考虑到问题解决后的理想状态，也要考虑到问题解决过程中的干扰因素。越是干扰因素少的简单问题，越容易制定定量目标。在课程实施过程中，由于培训结果本身会受到很多环境因素的影响和限制，有些目标注定不能通过定量方式进行检查，这也是培训部门在企业中很难体现业绩的根本原因。

（二）干扰目标制定的三类因素

学员差异性。学员差异性指学员之间在工作内容、工作经验和工作能力上的差距。学员差异性越大，目标的制定难度越大，同时课程开发的难度也就越大。

问题复杂性。问题属于良构问题还是病构问题？良构问题是能够找到明确流程、方法和工具来解决的问题，是结构良好的问题。良构问题包括已知的初始状态、明确的目标状态，其解决方法也是简单的，这类问题是容易解决的。也就是说，良构问题是可以提供"标准答案"的问题。病构问题通常没有唯一的正确答案，它有很多可能的答案，并且这些答案不能用对或错来判断，只能根据情境来确定谁比谁更加恰当。

情境变化性。问题所处情境不同，处理的方式也会有差异。例如，在本章

第一节为国内某知名航空公司项目经理开发"任务推进"课程的案例中，项目经理的工作环境和工作内容完全不同，为后期整合有效解决方案带来了很大的难度。

（三）一句话描述课程开发目标

在课程设计过程中，我们需要来自公司领导、部门同事、业务专家等方面的支持。对于那些不是从最初就接触课程设计项目的人来说，如何让他们在最短的时间内了解这个项目并对其感兴趣，将决定他们是否愿意付出更多的时间来支持你。麦肯锡公司有一个30秒电梯理论，目的是让演讲者能够在30秒之内把事情说完整，也让听者在30秒之内能听明白。

30秒电梯理论

"30秒电梯理论"来源于麦肯锡公司一次沉痛的教训。该公司曾经为一家重要的大客户做咨询。在咨询结束的时候，麦肯锡公司的项目负责人在电梯间里遇见了对方的董事长，该董事长问麦肯锡公司的项目负责人："你能不能说一下现在的结果？"由于该项目负责人没有准备，而且即使有准备，也无法在电梯从30层到1层的时间内把结果说清楚。最终，麦肯锡公司失去了这位重要客户。从此之后，麦肯锡公司要求公司员工凡事要在最短的时间内把结果表达清楚，凡事要直奔主题、直奔结果。这就是如今在商界流传甚广的"30秒电梯理论"，或被称作"电梯演讲"。

在30秒内，你可以运用下面的句式来清晰、准确地描述课程开发目标。

解决 (谁)，在 (什么情境和场景下)，由于 (什么原因) 造成的 (什么问题)，取得 (什么定性或定量结果)。

根据上面给定的格式，书写的课程开发目标如下：

解决销售人员，在日常销售过程中，由于在电话邀约、面谈拜访、持续跟进、缔结签约各销售步骤中，不能有效建立信任关系而造成的签单率低的问题，通过培训取得运用系统性方案与客户建立信任关系，并最终实现成功销售的结果。

解决新参加工作的人员，在变电站进行二次接线时，由于看不懂二次图纸而造成的无法正确接线的问题，通过培训取得能够看懂二次图纸，实现接线正确率 100%的结果。

解决公司全体员工，在用 PPT 做汇报时，出现的汇报逻辑不清、整体混乱、数据说服无力的问题，通过培训取得在 1 小时内能够制作出逻辑清晰、整体美观、数据表达有力的 PPT 报告的结果。

解决新员工，在初期拜访客户时，由于缺少系统化的销售方法和技巧，而造成的摸不准客户的需求、处理不好突发事件、谈不到兴趣点等现实问题，通过培训取得运用系统性方法收集客户信息、站在客户角度处理好突发事件和与客户进行工作之外的多方面话题交谈的结果。

一次课程开发可以解决一个问题，也可以解决多个问题。解决问题的多少和难易程度不同，将决定课程开发的难度和开发成果的不同。建议培训师从小问题入手，随着开发能力的提高，再逐步解决复杂的大问题。

二、课程命名，凸显课程亮点收益

在课程开发过程中，培训师应该是一个产品经理，要把开发的每个课程当作一个产品来经营。决定一款产品价值的不仅是产品质量，还有产品名称。"复方氨酚烷胺片"和"美扑伪麻片"这两种药你买过吗？如图 2-9 所示，如果我告诉你，它们分别是"感康"和"新康泰克"，你会如何回答？这是因为在平时买药的时候，很少有人注意药品的学科名，人们更多注意的是商品名。

常言道："看书先看皮，看报先看题。"标题好坏可以决定一篇文章的成败，一个好的课程名称更是课程定位和价值的体现。说到命名，不由得让人想起孔子的那句"名不正，则言不顺；言不顺，则事不成"，还有根据这句话延伸出的"名正言顺"。一个好的名字是课程的点睛之笔，"送礼就送脑白金"——有多少人知道脑白金的真正价值和制作成分，很多人过年过节买的就是它的名字和那句经典广告，如图2-9所示。精彩的课程从标题开始，一个响亮的标题既能迅速抓住学员的眼球，也能体现课程内容的提炼、概括与浓缩。

图2-9　好名字是产品的点睛之笔

（一）课程命名三要素

一个课程名称由 A、B、C 三个要素组成，分别是对象（Audience）、收益（Benefit）和内容（Content）。

Audience：对象是谁

学员是否有兴趣听一门课程，要考虑的第一要素是这门课程是否和自己有关系。你一定经历过这样的事，在一个很吵的地方，如拥挤的公交车或酒会宴席上，虽然周围很吵，吵得连电话铃响都听不到，但是如果有人叫你的名字，即使声音不大，你还是会注意到。这种现象在心理学中被称为"鸡尾酒会效应"。最直接体现课程与学员的关系的做法，就是在课程名称中包含学员的名字。在设计课程名称时，可以包含学员的类型和岗位，如"新任经理人培训""职业化员工的五项修炼"等。类似"时间管理""情绪与压力管理"这样的课程，适用人群很广泛，往往在名称中会省略学员的名称。

Benefit ：有什么收益

这门课程对学员来说有怎样的价值和好处？在课程名称中加入"赢""成功""高效能""高绩效"等价值感强的词语，会更直接地体现出课程的价值。例如，"赢在执行""细节决定成败""一分钟成功""打造高绩效团队"等。

Content：内容是什么

内容是课程名称中的必备要素，它让学员清楚地知道这门课会讲什么。在进行内容描述时使用数字量化，会增强学员的记忆，从而加强学习效果，如"高效能人士的七个习惯""六顶思考帽"等。我们也可以在课程名称中直接体现课程内容，如"目标管理与计划制订""向上沟通"等。

运用 A、B、C 三要素给课程命名的过程，实际上是进一步梳理课程开发目标的过程。通过 A、B、C 三要素，培训师进一步思考谁是课程的学员、这个课程对他们有什么样的收益，以及课程的核心内容是什么。课程命名甚至可以被称为课程开发的"定海神针"，时刻指导着课程设计与开发的方向。

（二）课程命名的四种方式

运用 A、B、C 三要素可以形成多种课程命名方式。第一种命名方式直接将课程内容作为课程名称。这样的命名方式简单直接，让学员能够一目了然地知道课程讲授的内容是什么，适合受众面广或全员必修的课程。第二种是"对象+内容"的命名方式。命名时将受众对象写在前面，将课程内容写在后面，这种命名方式更好地体现了课程内容与学员之间的关联,适合面向同一岗位或同一工作类型的课程。第三种是"对象+收益+内容"的命名方式。这种命名方式通过课程名称体现 A、B、C 三要素，较前两种更能突显课程的卖点，是目前比较流行的命名方式。第四种是双标题命名方式。有时单标题命名很难将 A、B、C 三要素很好地融合在一起，所以采用双标题命名方式。在双标题命名方式中，前面的名称是"商品名"，它的主要作用是突出课程的价值和亮点。后面的名称是"学科名"，它主要体现了课程的受众对象和课程内容。双标题命名方式由于其层次清晰和组合灵活的特点，已经被越来越多的培训师使用。开篇时我们举例说明的"感康"和"新康泰克"就是双标题命名方式的成功典范。需要注意的是，课程命名固然重要，但千万不要把它写成"标题党"。表 2-14 列出了四种命名方式的示例。

表 2-14　四种命名方式的示例

组　成	经 典 案 例
内容	企业文化建设 公司安全管理 六项思考帽
对象+内容	班组长目标管理与计划制订 终端导购员销售技能提升 新任班组长角色认知
对象+收益+内容	高效能人士的七个习惯 职业化员工五项修炼 新销售完美异议处理
双标题	箭无虚发——三招精准把握客户需求 向拖延说 NO！——高效时间管理 TOP 法 巧对职场小清新——"90 后"员工特征分析及管理方法

【实例6】为"企业宣传写作"课程命名

1）初步列出四种格式的课程名称

　　X 企业是一家中韩合资的大型汽车生产企业，随着公司效益和员工数量的快速增长，如何宣传好企业各方面的发展和业绩成为目前非常重要的一件事情。X 企业从事宣传的人员 90%是兼职，他们除了从事宣传工作，还要完成很多日常工作。写宣传稿件对这些兼职的宣传人员来说，无论是从时间上还是从难度上，都是一件很有压力的事情。

宣传部门收到的各部门投递的宣传稿件存在以下问题：① 宣传对象及受众分不清楚；② 会议稿件结构不清；③ 政治信息传递错误；④ 人物稿件千篇一律、缺少生动性；⑤ 活动稿件冗长无特色；⑥ 日常工作稿六要素不全；⑦ 稿件版面花哨、混乱。这些问题导致的直接后果是，为了完成一篇稿件，宣传人员需要反复修改 4、5 次才能过关。这不仅降低了宣传时效，而且经常造成其他日常工作的拖延。为了改善这种现象，X 企业计划开发"企业宣传写作"课程。在课程开发过程中，如何为课程起一个响亮的名字让课程开发人员犯了难。他们利用 A、B、C 三要素列出了四种格式的课程名称，如表 2-15 所示。

表 2-15　课程命名结果

内容	企业宣传写作 宣传写作的四类技巧
对象+内容	企业宣传员写作技巧 宣传员养成记
对象+收益+内容	企业宣传高手的四项修炼 四招教你成为写作高手
双标题	领导审稿一遍过——四招教你成为企业"稿"手 小白成长记——四招助你成为宣传高手 人人都是宣传员——企业宣传与写作

（三）选择课程名称的三个维度

面对众多的课程名称，应该如何做选择呢？通过对大量优秀课程名称进行分析和总结，我们得出的结论是好的课程名称需要在准确、亮点和价值三个维度都出色（见图 2-10）。

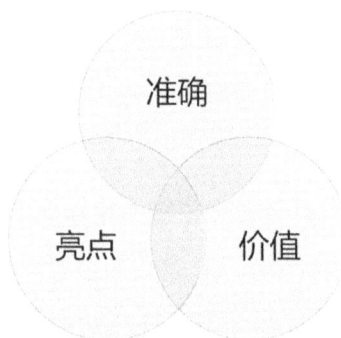

图 2-10　选择课程名称的三个维度

准确。课程名称要能准确体现出课程内容或核心观点。

价值。成年人认为的价值分为两种，即"趋利"与"避害"。将对自己有好处的课程称作"趋利"，如"打造卓越团队""高效能时间管理"。将能够防止自身受伤害的课程称作"避害"，如"新任班组长的七种死法"。

亮点。亮点是开发的课程与同类课程之间的差异性或其具有的特色。大量的网络资源如洪水般包围着现代人，随处可得的信息让人们对普通事物不再抱有好奇心。如果课程名称不能让学员心动，那么可以肯定地说，课程已经输在了起跑线上。

2）课程名称优选

针对前期设计的 9 个课程名称，课程开发人员通过优选排序的方式，从准确、价值和亮点三个维度进行打分。表 2-16 是课程名称优选表，其呈现的内容是经过优选后的结果，其中"领导审稿一遍过——四招教你成为企业'稿'手"获得 27 分，排名第一（优选结果会由于打分人的不同而有所不同）。

表 2-16　课程名称优选表

备选课程名称	准确 （1～10分）	价值 （1～10分）	亮点 （1～10分）	得分 （分）	排名
企业宣传写作	8	3	3	14	5
宣传写作的四类技巧	5	3	3	11	6

续表

备选课程名称	准确 （1～10分）	价值 （1～10分）	亮点 （1～10分）	得分 （分）	排名
企业宣传员写作技巧	9	3	3	15	4
宣传员养成记	4	3	2	9	7
企业宣传高手的四项修炼	9	6	5	20	3
四招教你成为写作高手	9	6	5	20	3
领导审稿一遍过 ——四招教你成为企业"稿"手	9	9	9	27	1
小白成长记 ——四招助你成为宣传高手	9	6	8	23	2
人人都是宣传员 ——企业宣传与写作	7	7	6	20	3

在表 2-17 中，笔者总结了 6 种包装课程名称的方法，供各位读者参考。

表 2-17　6 种包装课程名称的方法

序　号	包 装 方 法	课程名称示例
1	成语、诗词借力	财"孕"亨通：专车驾驶员孕妈服务五步法 众里寻"题"千百度：工作改善小组如何选题
2	穿针引线	三思而后行：360°职场沟通 雄姿英发：成功，从 YD 出发
3	真知灼见	这样拍，就对了：在 P 模式下搞定企业宣传摄影 赢在参数：切削用量选择的四个技巧
4	网络热门	我为自己代言：六招提升职场影响力 为自己打 CALL：一线营销人员电话销售话术培训
5	形象比喻	隐形的翅膀：员工精神助你腾飞 穿越壁垒：TA 人际沟通分析
6	对比突出	小班会，大学问：班组长如何开好 AEOS 一级例会 晓文化，大力量：让企业文化助力员工管理

本章回顾

下面是针对本章内容的要点回顾，请选出正确的答案。

（1）调研访谈时需要找到具备_____、代表性、特殊性和协助性的关键人群。（培训师/权威性）

（2）调研访谈时常用的方法有当面访谈法、问卷调查法、焦点小组法、综合观察法和资料分析法。这些方法各有优缺点，在实际工作中应当考虑组织的内外部环境和条件，在可能的范围内选择合理的方法，以达到需求分析的有效性。（正确/错误）

（3）在当面访谈时，我们可以问事实性问题、需求性问题、结果性问题、_____和确认性问题五类问题。（探索性问题/判断性问题）

（4）在收集问题时，我们经常会遇到说不清楚、夸大其词、有所隐藏、急于求成等困难。（正确/错误）

（5）准确描述一个问题的四个要素是 Who（谁）、What（什么问题）、When（什么时间）、Where（什么场景）。（正确/错误）

（6）当面对多个问题时，我们可以通过_____，问题是否有价值以及是否有内部专家来判定其是否属于培训影响域。（是否可通过清单解决/是否可通过培训解决）

（7）我们可以通过重要性、紧急性、_____、趋势性、频繁性五个标准判断问题是否有价值。（影响性/推广性）

（8）清晰描述课程开发目标，可以用一句话来描述，即解决（谁），（什么问题），取得（什么结果）。（正确/错误）

（9）吸引人的课程名称要具备三个要素，分别是对象（Audience）、收益（Benefit）和内容（Content）。（正确/错误）

参考答案

（1）权威性

（2）正确

（3）探索性问题

（4）正确

（5）正确

（6）是否可通过培训解决

（7）影响性

（8）错误

（9）正确

第三章

整合方案重实效

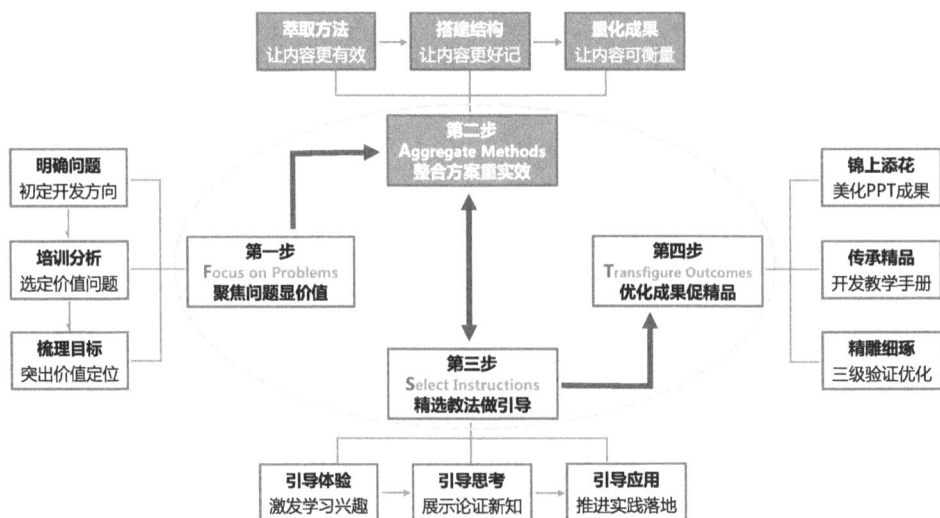

萃取方法 让内容更有效	→	搭建结构 让内容更好记	→	量化成果 让内容可衡量

第二步
Aggregate Methods
整合方案重实效

明确问题
初定开发方向

培训分析
选定价值问题

梳理目标
突出价值定位

第一步
Focus on Problems
聚焦问题显价值

第四步
Transfigure Outcomes
优化成果促精品

锦上添花
美化PPT成果

传承精品
开发教学手册

精雕细琢
三级验证优化

第三步
Select Instructions
精选教法做引导

引导体验
激发学习兴趣

引导思考
展示论证新知

引导应用
推进实践落地

无论采用何种培训方式，最终起到培训效果的一定是培训内容。这就像给患者看病一样，你的药没有效果，做任何宣传都是没有用的。"整合方案重实效"这一步的目标是将培训内容从之前的"我会什么，我讲什么，我有什么，我说什么"，转变成"为了达成既定课程开发目标，匹配相应的教学内容"，从而保障培训课程的针对性和有效性。

第一节　萃取方法——让内容更有效

整合有效方案的第一步是萃取，目标是让内容更有效。萃取有两种渠道：第一种来自组织内部，萃取专家的优秀经验，将专家的经验和智慧转化为组织的经验和智慧进行传承；第二种来自组织外部，借力标杆，引入外部经典理论和实践。在本节中，笔者将和你重点分享如何通过多种方式整合、优化出解决关键绩效问题的有效方案。

一、访谈专家，萃取内部优秀经验

针对前期制定的课程开发目标，首先我们要考虑如何从组织内部寻求解决问题的方法。在这个环节中，笔者将和你分享萃取组织内部优秀专家经验的四个步骤。

【实例7】"临门一脚——完美异议处理"课程中的萃取专家经验

1）确定课程开发主题——异议处理

经过第一步聚焦有价值的问题，L企业培训部门结合自身产品特点和内部优秀销售人员多的优势，确定课程开发主题是异议处理。针对这个课程开发主题，培训部门制定的课程开发目标是解决店面销售人员在处理客户异议时由于使用策略不当而造成的丢单问题，取得有方法、有策略、有话术的应对客户异议的结果。

　　如何萃取业务专家的优秀经验，是 L 企业开发异议处理课程的关键环节，也是我们本节重点分享的内容。如图 3-1 所示，萃取专家经验的流程共分为四步，这四步分别是收集素材、实施访谈、整理萃取和验证审核。

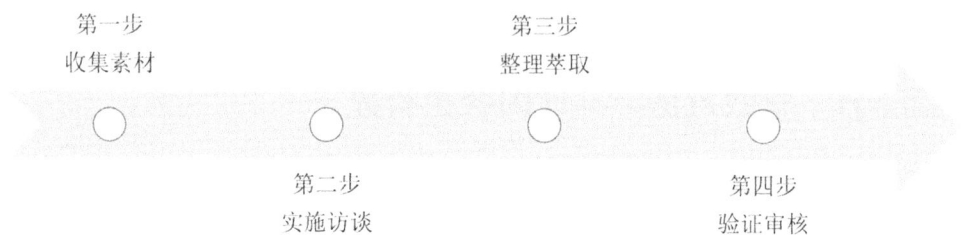

第一步　　　　　　　　　　　　　第三步
收集素材　　　　　　　　　　　　整理萃取

第二步　　　　　　　　　　　　　第四步
实施访谈　　　　　　　　　　　　验证审核

图 3-1　萃取专家经验的流程

第一步：收集素材

　　获得组织内部的优秀经验主要通过以下三种方式。① 内部资料收集。这种方式充分利用了企业已有资料。企业内部专家和管理者在工作过程中可能已经整理了一些经验和案例素材，这些资料可能存在于某些部门的经验总结文档、内外部成果汇报和工作交流分享文件中。② 工作现场观察。到一线观察业务专家是如何做事情的。在一线观察的过程中，要做详细的记录。如果条件允许，那么通过摄像机来记录专家的工作过程是一种很好的方式。在使用摄像机时，注意不要影响到专家的情绪和正常工作，否则收集到的信息也只是"演"出来的。③ 访谈业务专家。业务专家一般来源于担任某个岗位的优秀员工或从优秀员工中提拔的管理者，通过访谈和挖掘他们大脑中的"知识地图"，提炼和萃取相关经验。

　　在以上三种方式中，访谈业务专家是效果最好的一种方法。访谈业务专家的前提是要找到真正的业务专家。判断业务专家是否是真正的业务专家有三个标准，也称为"三个具备"。

具备实战经验。"纸上得来终觉浅，绝知此事要躬行。"业务专家的方法必须来源于工作实践，然后经过提炼、升华才可以被应用到实际工作中去。只有经过实践检验的方法，才能对学员产生指导效果。

具备优秀业绩。同样是学游泳，你愿意向世界冠军学习，还是向邻居小明学习呢？再好的能力也要靠业绩来证明。业务专家的实践是否有效，必须通过业绩来最终验证。

具备自我复盘能力。复盘是围棋中的一种学习方法，指在下完一盘棋之后，要重新摆一遍，看看哪里下得好，哪里下得不好，对下得好的地方和下得不好的地方都进行分析和推演。业务专家的自我复盘是指将做过的事情在大脑中重新演练一遍，并能够清晰完整地表达出来。否则业务专家有再好的经验也是"茶壶里煮饺子——有嘴倒不出"。

第二步：实施访谈

访谈开始前的准备工作包括以下几点。首先，选择访谈方式。萃取专家经验的过程类似于调研访谈中的当面访谈法和焦点小组法，在访谈形式上分为一对一访谈、一对多访谈和多对多访谈。其次，准备访谈内容。在访谈前，了解业务专家的工作流程和关键工作等信息，为访谈中扩展提问做准备。最后，准备访谈中所需要的工具和资料，包括印有会议时间安排、课程开发背景、待解决问题、期望达成目标和访谈主要问题等内容的单页，以及不同颜色的即时贴。准备好录音笔或摄像机等记录设备，在使用前必须征得专家同意。

在访谈开始时，首先解释访谈的目的、你的角色及业务专家的角色，然后介绍访谈议程并详述讨论的过程。在访谈中要避免使用培训或课程设计的专业术语，要使用业务专家能够理解的语言。在访谈过程中，培训师往往扮演工作坊主持人的角色。确切地说，培训师扮演的是一名帮助业务专家有效地梳理和总结过往累积在他们大脑里的隐性知识的引导者。所以作为培训师，要对访谈充满信心，不要因为专家的职级和权威而畏首畏尾。

在访谈业务专家时，培训师必须问四个方面的问题。① 针对××问题或任务，您有过哪些成功经历？请您描述一个典型的案例或者故事。提出这方面问题的目的是希望专家从整体出发，全面描述问题的解决方法，同时也能让培训师在头脑中形成解决问题的初步思路。对典型案例或故事的描述需要包括时间、人物、地点、行为、情感、结果等要素。② 在您提供的案例里，您认为哪些是关键环节与关键行为？为什么？提出这个问题的目的是希望业务专家从专业的角度分析出解决问题的操作流程和关键动作。获得这方面问题的答案，会降低后期萃取方法的难度，也会在验证审核时更容易获得业务专家的共识。③ 假如您现在面临××难题，您会如何做？会先做什么，再做什么？提出这方面问题的目的是希望业务专家能够表达出隐藏在大脑深处的解决问题的方法。在这个过程中，不要催促业务专家，要留出时间让他们思考和回忆。④ 普通员工（或者新手）最容易犯错的地方在哪里？如何避免？提出这方面问题的目的是与业务专家探讨刚刚谈到的方法对新手来说会有哪些困难和挑战，以及业务专家是如何处理这些困难和挑战的。

⚠ 注意事项　访谈业务专家

访谈业务专家的过程是双向交流的过程，而不是问答过程。针对业务专家给出的答案，要及时进行逻辑化总结，鼓励业务专家更正你的错误理解；萃取前的准备工作很重要，要避免在基本工作内容和工作职责等常识性问题上浪费时间；针对访谈问题最好能准备好半成品答案，做到胸中有数才能快速理解和整理专家的答案；避免与业务专家发生争执。如果你对他们的信息有质疑，通过进一步提问来澄清信息；当业务专家们的意见不一致时，请大家投票，在投票前给每个人

发言的机会；给每位业务专家和他们的上级写一封感谢信，信中附上
访谈结果，邀请他们针对记录中的问题给予指正。

2）L 企业访谈到的一个典型案例

顾客："我考虑一下。"

销售代表："先生，我能理解您考虑一下的想法，因为毕竟需要这么多钱，
但您能告诉我一下，您还有哪些方面的因素没有考虑清楚吗？"

顾客："没有啦，谢谢，我还是要考虑一下。"

销售代表："对不起，是不是我没有向您介绍清楚呢？如果是这样，我再
给您详细介绍一下吧。"

顾客："不是的，我今天第一次看，还想再比较比较。"

销售代表："您认为还需要比较一下才行，我非常理解。您想再比较一下
肯定还在顾虑什么，对吗？"

顾客："哦，没什么，就是觉得要比较一下，我刚刚接触一体机电脑，我
想多看看然后再说。"

销售代表："您说的有道理，看来还是我没给您说清楚，还请您多担待。
一体机产品……（介绍一体机产品的功能和卖点），您还有什么顾虑吗？"

顾客："嗯，说实话吧，我觉得你们的产品有点儿贵，超出了我最初的预算。"

销售代表："首先感谢您对我们产品的认可，现在您觉得产品是满意的，
只是价格超出了您的预算，是吧？"

顾客："是啊，你们家的一体机确实有点儿贵。"

销售代表："我特别理解您想少花钱买好货的心情，换作我也希望买到物
美价廉的产品。说心里话，我比您更想这个产品能卖得便宜一些，这样我也能

多卖一些。但是您知道，我们的产品是全国统一定价，这样做是为了维护市场的公平竞争，也是为了更好地保证客户的利益、保证品质始终如一。您肯定也希望买一个品质有保障的产品，是吧？"

顾客："当然。我看其他家的一体机电脑都有赠品，你们家应该也有吧？"

销售代表："当然有，而且我们的赠品是厂家原装产品，质量同样有保障（介绍赠品）。您今天是刷卡还是付现金？如果刷卡，现在还有刷卡返现活动，会比较划算。"

顾客："这样啊，那我就刷卡吧。"

第三步：整理萃取

在收集资料和实施访谈结束后，第三步是整理萃取。典型的方法是从理论方法和实际案例素材两个维度去提炼并升华流程步骤、方法和工具。整理萃取是关键点，也是难点，需要发挥培训师的创造性，将案例素材中的成功之处提炼成可复制的知识和技能，同时也需要与对应的理论保持内在逻辑的一致性。

3）整理萃取业务专家的经验

经过对案例进行分析，培训师总结出业务专家在处理异议时共分为四步，如表 3-1 所示。第一步是认同感受，和顾客保持情绪上的一致。在这个过程中，销售代表的语言和动作都尽可能与顾客保持一致，这样可以促使顾客对销售代表产生信任。第二步是明确问题，确保销售代表要给出的答案和顾客提出的问题属于同一方向。在访谈中业务专家讲到一个故事，孩子问妈妈："我是从哪里来的？"妈妈很尴尬地解释了很久，最后孩子忍不住追问："今天我们班新来的小朋友是从四川来的，我是从哪里来的呢？"看到这个故事，可能你就会明白"明确问题"的重要性了。第三步是澄清异议，针对顾客提出的问题，给出基于事实的合理解答，并在解答时观察顾客的反应，然后选择下一步的行动。

第四步是请求行动,检验异议是否处理成功最有效的方法是请求顾客采取购买行动。如果顾客愿意花钱买单,那么说明销售代表的处理是成功的;如果顾客还有疑虑,不愿意花钱买单,就需要继续询问顾客的真实顾虑,有针对性地解决,或者任由顾客离开。初步萃取出的异议处理步骤见表 3-1。

表 3-1　异议处理步骤

案例中的关键话语	萃取出的步骤
我能理解您考虑一下的想法 您认为还需要比较一下才行,我非常理解 我特别理解您想少花钱买好货的心情,换作我也希望买到物美价廉的产品	第一步:认同感受
但您能告诉我一下,您还有哪些方面的因素没有考虑清楚吗 您想再比较一下肯定还在顾虑什么,对吗 现在您觉得产品是满意的,只是价格超出了您的预算,是吧	第二步:明确问题
处理顾客异议,并有针对性地介绍产品的功能和卖点	第三步:澄清异议
您还有什么顾虑吗 您今天是刷卡还是付现金	第四步:请求行动

接下来对收集到的所有案例和方法进行深入分析,整理归纳出在处理异议时会面临的挑战,以及采取的应对技巧,如表 3-2 所示。

表 3-2　在处理异议时面临的挑战和应对技巧

操作步骤	面临的挑战	应对技巧
认同感受	顾客认为你不理解他	在顾客表达过程中,眼神要保持直接交流,伴随顾客的表达内容配合微笑、点头和表情的变化
明确问题	提问时容易引起顾客反感	提问前要做铺垫,在观察顾客的反应后适时提问 判断顾客类型,顾客类型不同,提问方式也不同
澄清异议	再次介绍产品,依然不能打动顾客	保持耐心,只要顾客不走,就还有机会 卖点精练,有针对性地突出产品 察言观色,预判顾客下一步的行动

续表

操作步骤	面临的挑战	应 对 技 巧
请求行动	不好意思向顾客开口	突破害羞和恐惧的心理 以平常心对待每单生意

在实际访谈过程中，培训师必须针对表 3-2 中给出的应对技巧继续深挖，直到找出解决问题的所有关键行为和动作。例如，经过深入访谈，业务专家说："当需要赢得顾客好感时，我点头会快一些，让顾客明显地感觉到我对他的认同；当需要赢得顾客信任时，我会放慢点头的速度，让顾客感觉到我的每个表达都是经过深思熟虑的。"培训师将应对技巧进行整理、分类和排序，形成了表 3-3 中的操作要点和说明示例。

表 3-3 萃取出的操作要点和说明示例

步骤	操作要点	说 明 示 例
认同 感受	点头迎合	点头互动：快点头，表示认同理解；慢点头，展现专业权威
		表情迎合：常规表情，面带微笑；迎合表情，跟随顾客的感受变化调整表情
	表达认同	赞扬对方的提问水平。例如，您这个问题问得太好了；这个问题只有您这样的专业人士才问得出来
		突出问题显而易见。例如，您的这个问题每天至少会有五个人问到；您的这个问题太普遍了，您就是不问我也会告诉您
		表达内心强烈的感受。例如，我比您更想这个产品能卖得便宜一些；我比您更关心产品质量
明确 问题	重复事实	平铺直叙式。例如，我理解一下，您的意思是……我理解的有偏差吗？您的核心困惑是××，您看我理解的正确吗
		专业逻辑式。例如，您说话的逻辑性太强了，您主要说了三点，是××、××和××，是这样吗？您的顾虑是××、××和××这三点吗
	澄清疑问	刨根问底式。例如，除了刚才的三点，您还有其他的顾虑吗？您这样说的意思是……

续表

步骤	操作要点	说 明 示 例
明确问题	澄清疑问	引导开发式。例如，您刚刚提到这款机器太贵了，您觉得多少钱就不贵了？除了这款机器，您还看中了哪款机器
澄清异议	卖点重塑	有针对性地重新介绍产品的卖点，增强客户对产品的信心
	突出危机	扩大不及时购买带来的损失。例如，今天是最后一天优惠，如果您今天不买，明天就要恢复原价了
	制造稀缺	人们对失去某种东西的恐惧，比获得这种东西的渴望更能激发人们的行动力。例如，这套赠品只有 100 份，送完就没有了
	成功案例	在做出选择时，人们往往会跟随其他人的行动，突出榜样的力量。例如，某公司三年来一直在我店购买，每次都买 10 台左右
	建议体验	通过深入体验，增加客户对产品的兴趣和信任。例如，先不着急做决定，您可以先在这里多体验一下
请求行动	直接请求	直接向客户提出成单请求。例如，您今天是刷卡还是付现金
	间接请求	询问客户是否还有其他顾虑，进而促进成单。例如，您还有什么需要考虑的吗

第四步：验证审核

在业务专家的经验被提炼出来后，培训师需要验证这些方法和技巧是否具有针对性和概括性、是否可以作为课程的主要方法和知识点，是否需要进一步的深度挖掘、是否有错误的地方等。只有经过验收评估的方法和技巧，才能进入课程包装和指导工具制作阶段。在验证审核后，将访谈时收集到的正反两个方面的案例进行整理，用于后期的教学案例开发。这对于学员理解和掌握课程内容是非常有效的方法。

失败的经验同样值得萃取。"对危险的关注高于对成功的关注"是人的本能，从某种程度上来说，保证不失败，就是另外一种成功。在这里先给大家讲一个故事。

在第二次世界大战期间，美军为了不让飞机被敌机击落，要给飞机装上护甲。但护甲会增加飞机的重量，这样飞机就不容易被操控，而且会消耗更多燃料，使之更容易被敌机击中。护甲太多不行，太少也不行，在这之间应该有个最优值，需要数学家来确定。于是，美国数学家组成了一个统计学研究小组，担任美军的顾问。这个小组中最聪明的人是匈牙利裔数学家沃尔德，后来获得诺贝尔经济学奖的弗里德曼只是这个小组中第四聪明的人。可见，这是一个顶级聪明的小组。军方带着一些他们认为有用的数据来到了统计学研究小组。美军的飞机在交战后从战场返回，身上布满了弹孔。弹孔在飞机上的分布是不均匀的，机身上有许多弹孔，但是引擎周围的弹孔不多。军官们认为要把护甲装到最需要的地方，即装到弹孔多的地方，从而有效地保护飞机。但沃尔德认为，护甲不应该装到弹孔多的地方，而是应该装到没有弹孔的地方——飞机引擎外部。沃尔德的思路是引擎没有被打中的飞机回来了，而那些引擎被打中的飞机没能回来。那么多机身中弹的飞机回到了基地，证明机身中弹是可以忍受的。

沃尔德用到了数学领域中一个很古老的技巧：把某个变量设为零。在这里要调整的变量是引擎中弹的飞机仍能平稳飞行的可能性。把这一可能性设为零，意味着引擎中弹一次飞机就会被击落。回来的飞机机身上弹孔很多，但引擎都没中弹。对这种情况有两种解释：要么德军的子弹只会打中引擎之外的地方，要么引擎特别脆弱。这两种情形都能解释已有的数据，但是后者更说得通。沃尔德的建议很快被采纳，并一直被沿用。

沃尔德为什么能够看到军官们没有看到的问题？这跟他作为数学家的思考习惯有关。数学家总是问："你做了什么假定？它们有道理吗？"军官们的假定是返回的飞机是全部飞机的一个随机样本。一旦你认识到你做了一个假定，你马上就会意识到它是错误的。不是无论哪里被击中的飞机都有同样的生存机会。对数学家来说，弹孔问题的基本结构是一种叫"幸存者偏见"

的现象：我们只注意了幸存者、成功者、优秀者，而忽略了那些失败者、"死"掉的人。

萃取业务专家经验的假设是成功者的经验是可以复制的。能力素质模型的研发也是基于这个假设。在萃取业务专家的经验时，我们更倾向于把成功进行主观归因，即归功于人的能力，而真实的情况可能并非如此，有时成功的结果还需要很多客观条件的支持。好比在刚刚改革开放时，只要有胆量、敢拼搏就能赚到钱，但如今这样的成功经验很难被复制了。人们成功的潜在原因很多，但是失败的原因往往一致。所以有时我们在萃取成功经验的同时，也需要分析失败的原因，只有这样才能保证萃取出的方法更加有效。

二、借力标杆，引入外部经典实践

"不论问题是什么样的，都有某些人在某些地方已经从事过同样的工作。也许这个人就在你的企业里，打个电话就可以解决你的所有问题。也许这个人在其他公司里，他已经注意到了同样的问题。你的时间是宝贵的，为了解决问题你需要弄清楚他们是谁，与他们建立联系，千万不要把时间浪费在重新发明轮子上！"这是麦肯锡的经典理论，这个理论同样也适用于我们的课程开发。在寻找解决问题的方法时，如果我们能够找到成熟的方法和工具，是再好不过的了。这样既省去了收集、萃取的时间，又省去了验证、审核的时间。不过，在借力标杆时也要考虑到，这个方法是不是解决公司目前遇到的问题的最好方法。引入外部经典实践可采取直接借鉴法和间接借鉴法两种方式。

（一）直接借鉴法

直接借鉴法是将成熟的理论或方法直接引入解决问题的方案中。直接借鉴法要遵循两个原则。① 方法必须与问题匹配。找到的方法要能够解决绩效问题。好比生病后选择在家吃药，吃过药后病情要有所缓解才可以，如果吃过药后病情没有缓解，反而加重，这就需要考虑及时前往医院治疗。② 配套教学和课后实践工具。如果工具是原方法自带的，你可以一并借鉴过来。如果原方法没有自带工具，你就需要判断一下，是否需要为这个方法找到配套的工具。

【实例8】"如何在岗辅导员工"课程运用直接借鉴法整合方案

S 企业是一家肉食品加工企业，在发展过程中遇到了问题：随着企业规模的扩大，越来越多的新人加入企业。虽然企业组织了为期 2 周的新员工培训，但新员工被分配到岗位后还是出现各种问题，导致产品的次品率总是居高不下。为了解决这个问题，企业计划通过导师制度来辅导新员工，提高新员工的动手操作能力。经过一段时间的辅导，导师们付出了很多努力，但次品率的改善效果并不明显。

S 企业的领导发现问题后，要求培训部门组织企业各级导师进行培训，培训内容就是如何在岗辅导下属工作。经培训部门了解，在如何在岗辅导下属方面，世界上著名的汽车制造企业丰田公司拥有经典的工作方法：OJT（On the Job Training）。OJT 是指管理人员通过工作或与工作有关的事情，有计划地实施有助于员工学习与工作相关的能力的活动。这些能力包括知识、技能或对工作绩效起关键作用的行为。OJT 是经由工作本身或与工作相关的事情来进行教育的过程，可以说是与实务连接在一起的教育，因而通过 OJT 可培养出实战的力量。培训部门制定的目标是通过推广 OJT 方法，解决各级导师在岗辅导新员工时，由于辅导方法不当而造成的次品率改善效果不明显的问题，取得提高新员工操作能力、次品率在一个月内降低 3% 的结果。OJT 的五个步骤如表 3-4 所示。

表 3-4　OJT 的五个步骤

实施步骤	说明	示范	练习	评估	认可
步骤说明	我说你听	我做你看	你做我看	哪里不对改哪里	适度赞赏

看到这里,你是不是觉得直接借鉴法用起来太简单了?如果你真是这么想的,那么你就把事情想简单了。还记得培训的目的是什么吗?对,解决问题!在设计课程时,培训师将 OJT 的五个步骤根据每个步骤的操作要求和目标划分为 10 个子项,每项分别给出对应分值,这样就可以在课堂上针对学员的练习成果进行评估、打分。例如,在课程内容讲授完成后,通过现场演练的方式,邀请每组学员运用自己在工作中的优势能力,到其他组进行现场辅导。被辅导的学员根据"OJT 实施流程评分表"(见表 3-5)对辅导者进行打分,最终平均分超过 85 分才算合格。

表 3-5　OJT 实施流程评分表

实施步骤	评估标准	标准说明	分值(分)	评分(分)
说明	1．系统全面	说明内容要全面而系统,有条不紊	10	
	2．反问学员	反问学员是否听懂,避免一知半解	10	
示范	3．步骤完整	示范时要完整呈现各个步骤,不遗漏	10	
	4．速度适宜	根据学员水平确定示范速度,保证质量	10	
练习	5．学员练习	让学员一边说明一边练习刚才的动作内容	10	
	6．记录问题	记录学员练习过程中的问题,以便反馈	10	
评估	7．纠正问题	对发现的问题要及时纠正,避免形成陋习	10	
	8．总结收获	引导学员总结前面几步的收获,顺便复习	10	
认可	9．肯定优点	发现学员的优点,适时地加以肯定	10	
	10．适度赞赏	看到学员的进步,真诚而具体地加以褒奖	10	
备　　注			总分:100 分	

针对表 3-5 中的 10 项评估标准,培训师在课程中会深入讲解对应的行为

动作或常用话术。培训师不仅可以在课上用"OJT实施流程评分表"来检验学习成果，而且为了促进课后应用，还可以将"OJT实施流程评分表"和"OJT五步法操作指南"做成一张正反两面的随身学习卡，方便学员在辅导过程中随时参考。

另外，OJT是一套在岗辅导的教学方法，建议培训师在教学形式选择上也用OJT的模式。这样除了将上课地点选择在教室，其他的教学流程完全按照OJT的五个步骤来操作。让学员在培训师授课过程中体会到OJT的魅力，更容易激发他们的学习兴趣。

（二）间接借鉴法

不是每个问题都有成熟的对应方法，但也不是每个问题都需要重新"造轮子"。有时候，改一改现有的"轮子"也是一种解决问题的方法。间接借鉴法就是针对要解决的问题对现有方案进行修改的一种方法。

【实例9】"从服务到销售——打造高绩效营业厅"课程运用间接借鉴法整合方案

一次，笔者为某通信公司做课程开发指导，其中一门课程要实现的目标是让营业厅服务人员从客服服务模式转变为主动营销模式，即营业厅服务人员不仅要为客户提供办理业务的服务，还要充分利用来到营业厅办理业务的人流，让客户能够实现二次消费。在开发过程中，培训师借鉴了经典的AIDA模型（也称"爱达"公式，国际推销专家海英兹·姆·戈得曼总结的推销模式，是西方推销学中的一个重要公式）。AIDA模型的具体含义是指一个成功的销售人员必须把顾客的注意力吸引到产品上，使顾客对销售人员所推销的产品产生兴趣，这样顾客的欲望也就随之产生，尔后再促使其采取购买行为，达成交易。

AIDA 是四个英文单词首字母的组合。A 代表 Attention，引起注意；I 代表 Interest，诱发兴趣；D 代表 Desire，刺激欲望；最后一个字母 A 代表 Action，促成购买。

为了保障方法的有效性，培训师在课后访谈了数十位优秀的一线服务人员和店长，并结合营业厅的实际情况，在 AIDA 模型的基础之上做了定制化处理。定制化的过程共分为三项内容：增加体验环节、完善销售动作和补充实战技巧。

第一项内容：增加体验环节

培训师在原有模型的基础上，增加了欢迎致意（Hello）和送别客户（Bye）两个环节，增加这两个环节的意义在于促使服务人员产生主动营销的意识。在欢迎致意（Hello）环节，要求服务人员能够主动接近客户并识别客户的初步需求。在送别客户（Bye）环节，要求服务人员能够体现专业技术和服务热情，巩固客户关系并促成销售后的客户转介绍，如图 3-2 所示。

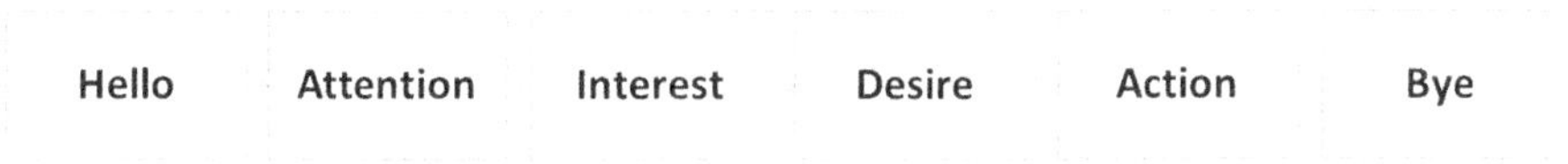

| Hello | Attention | Interest | Desire | Action | Bye |

图 3-2　增加体验环节

第二项内容：完善销售动作

在优化后的模型的基础上，培训师结合公司实际情况和访谈到的方法，细化了每个销售环节的关键动作，这对促进学员的课后应用具有重要意义，如表 3-6 所示。

表 3-6　完善销售动作

销售环节	Hello	Attention	Interest	Desire	Action	Bye
	欢迎致意	引起注意	诱发兴趣	刺激欲望	促成购买	送别客户
关键动作	主动接近 识别客户	提出邀请 观察跟进	需求挖掘 功能介绍	演示辅导 初次促单	异议处理 再次促单	体现专业 巩固关系

欢迎致意。这是在原有模型的基础上增加的一个环节，目的是激发服务人员主动服务的意识。欢迎致意环节分为两个动作：主动接近和识别客户。主动接近是服务人员使用有效的销售开场来吸引客户的注意力，识别客户是对客户的类型做出初步判断。如果把这两个方面做到位，就能邀请更多客户参与到手机或其他产品的体验中来。

引起注意。吸引客户的注意，让他们更多地关注产品、体验产品。这个环节的关键动作是提出邀请和观察跟进。在营业厅里，在大多情况下，客户的体验是由服务人员的邀请而产生的，服务人员要做的是用恰当的理由邀请客户参与体验。同时观察客户反馈，对何时开始下一步销售动作做出判断。

诱发兴趣。营造轻松舒适的体验氛围，解除客户的防备心理，促使客户有更多时间进行产品功能和特性的体验。这个环节的关键动作是需求挖掘和功能介绍。通过在客户体验过程中细致观察和适时提问，挖掘客户的潜在需求，有针对性地进行产品和功能介绍。

刺激欲望。根据客户需求构建情境，升华客户的全面体验，创造个性化的深层体验，让客户深刻感受到产品的价值与自身需求的一致性。这个环节的关键动作是演示辅导和初次促单。通过辅导客户体验操作，让客户对产品建立深度信任，并寻找恰当时机邀请客户成单。

促成购买。在美好的感受与体验中，进一步提升客户的消费冲动。这个环节的关键动作是异议处理和再次促单。如果在刺激欲望的环节成功了，那么这个环节就可以省略。如果没有成功，服务人员就需要针对客户提出的异议进行有效解答并再次促单。

送别客户。无论是否成交，服务人员都要愉快地送别客户，从而体现出服务人员的专业性，巩固前面环节营造的良好印象，并建立深度关系，实现客户转介绍。这个环节的关键动作是体现专业和巩固关系。交款并非销售的最后一个动作，服务人员通过体现专业的温馨提示和巩固关系的送别关怀，提升客户的满意度，为实现客户转介绍和出现问题时的投诉处理打好基础。

第三项内容：补充实战技巧

经过前两步的优化，针对每个关键动作给出相应的话术和工具，帮助学员在课程中理解每个步骤的核心内容，也为学员在课后应用提供帮助。笔者以欢迎致意环节为例，展示课程设计者是如何补充实战技巧的。欢迎致意环节有两个关键动作，分别是主动接近和识别客户。

在主动接近这个关键动作上，课程设计者总结出通过第一句话引发客户兴趣的五种方法。

- **优惠接近法**。今天我们不仅有买手机赠流量的活动，还赠手机壳和免费贴膜。
- **激励接近法**。最新款手机已经到店，它是目前性能最好、运行速度最快的手机。欢迎各位朋友到体验区亲身感受。
- **赞美接近法**。您家小孩真漂亮、真可爱，几岁啦?
- **关怀接近法**。欢迎光临，外面天气太热，我们营业厅为各位准备了擦汗的纸巾和饮用水。
- **求同接近法**。听口音您是四川人吧，我的老家是四川绵阳。

在识别客户时，可以把客户分为四种类型，让学员根据每种类型的典型特质来判断该以何种话术和方式邀请客户进行体验。

- **学生群体**。他们大多没有经济收入或者收入较低，但是比较追求时尚产品。处于时尚前端的他们，对整个市场有着强大的推动作用，是未来消费的主流群体。
- **公司白领**。他们的工作和收入相对稳定，对事物的理解速度快，也愿意尝试新鲜事物。
- **商务精英**。他们在社会上取得了一定的地位，经济收入较高，对商务服务要求高。
- **社会大众**。他们是社会普通人群，属于时尚链的下游。人群分类复杂，细分市场规模大。

详细的分类标准详见表 3-7。

表 3-7 消费群体类型及典型特质

群体类型 / 典型特质	学生群体	公司白领	商务精英	社会大众
年龄	18～25 岁	25～35 岁	30～50 岁	20～45 岁
穿着	色彩鲜艳、款式前卫、质感一般	得体、大方、时尚、简约	款式质地佳、注重品牌	简单、实用、朴素
发型	个性、前卫	符合职场身份	正式、庄重	自由、随意
行为举止	我行我素	彬彬有礼	稳重大方	简单、礼貌
喜欢的手机类型	外观务必有型 性能必须优秀	娱乐通信两不误 质量外形都关注	随时办公是关键 品牌外形都有面	简单实惠是前提 物美价廉最需要

（三）资料收集渠道

无论是直接借鉴法还是间接借鉴法，常用的收集资料的渠道有三种。

1．阅读经典图书

从小我们就知道"书中自有黄金屋，书中自有颜如玉"，在借力经典实践时，阅读经典图书是获取资料的首选方式。所谓经典图书，是指经过读者和市场验证的图书，无论从准确性还是从实用性来看都是有保障的。

2．日常培训及学习积累

在企业采购外部课程时，培训师要形成总结和复盘的习惯。准确地说，在每次课程结束后，培训师应将课程内容整理成文字或图画，并结合工作实际制订应用计划。这样在需要萃取外部经典实践时，可大大提高效率。

3. 各种网络资源

互联网的发展为我们获取信息带来了极大的便利，也提高了我们选择信息的成本。由于互联网提供的信息量太大，所以鉴别资料的优劣成为借鉴网络资源的关键点。常用的资料收集网站有百度文库、豆丁网、MBA 智库等。

第二节　搭建结构——让内容更好记

李想是笔者的朋友，他很喜欢亲自收拾屋子。看着他每次把东西放得整整齐齐，笔者都会从心底由衷地羡慕。不过他总向笔者抱怨，每次找东西都会花费很长时间，有的时候甚至为了找一个东西会把整个家翻一遍。你或者你周围的朋友有没有过这样的经历呢？笔者经常和李想说："你是收拾屋子的专家，但显然不是记忆的专家。"如果李想是记忆专家，他就会在收集与存储方面有自己的结构和方法。准确地说，记忆专家在大脑中对存储的内容会建立一套逻辑结构，当新的信息来临时，他们能够轻松地在大脑中找到相应的存储位置，当需要提取信息时，他们能够从相应的位置快速取出。

专家的大脑就像我们生活中的"衣橱"，如果有人将一件黑色外套交给他进行收纳，他能够快速地决定将这件外套放在哪里。因为专家非常了解"衣橱"的结构，他会将这件黑色外套按照一定的规律存放在衣橱中的某个位置。作为专家，当需要找到这件黑色外套时，他有多种方式提取信息。他能通过检索外套、冬季服装、正装、黑色衣服来快速找到这件黑色外套。如果是一个新手，他就没有存储规律，也就是说，他会将衣服随意地放在一个地方。当有一天要找这件黑色外套时，他唯一能做的就是从一堆混乱的衣服中随机寻找，最后经过大量的努力，拿起手边的一件外套穿上。这个比喻很生动地模拟出专家与新手之间的区别。

一、设计结构，逻辑严谨层次清晰

作为培训师，我们不能期望学员在学习之初就能建立自己的"衣橱"，我们需要做的是将需要学习的内容建成有结构的"衣橱"，让学员在学习过程中轻松掌握，并在工作中需要使用时能够快速提取。课程目标就是帮助学员快速建立一个"衣橱"，学员可以依靠这个"衣橱"中的结构去存储和提取所学到的内容。

（一）设计课程结构的三个原则

一个好的课程结构，要满足以下三个原则：不多、不少、不重复。

不多。课程结构的每个标题都是解决问题的关键，没有多余的内容和干扰，每个标题都有它存在的必然价值。

不少。对于要解决的问题，课程结构所包含的内容已经足够，无须增加其他内容。

不重复。课程结构的各标题之间没有任何的重复，这是对课程结构最关键的要求。任何不符合"不重复"要求的结构，都会导致学员对课程内容的严谨性产生疑问。

（二）课程结构常用的七种逻辑关系

在搭建课程结构时，可以按单向流程、循环流程、方法元素、场景应用、问题痛点、要点关系、态度观点七种逻辑关系设计，培训师根据课程内容的内在逻辑选择相应的逻辑关系。

1. 单向流程

单向流程是按照解决问题的时间顺序来设计课程结构，只有完成前一步，才能开始下一步。例如，在"高效会议的组织与管理"这门课程的开发过程中，培训师依照单向流程来设计课程结构。如图 3-3 所示，培训师将高效会议的组织与管理按时间顺序划分为"会议前准备""会议中控制""会议后落实"三个部分。

高效会议的组织与管理

会议前准备　　　会议中控制　　　会议后落实

图 3-3　"高效会议的组织与管理"课程的结构

【实例 10】"游'任'有余——银行厅堂营销四部曲"课程的结构设计

　　银行厅堂作为业务的前沿阵地，是客户接触银行最直接、最频繁的场所。做好厅堂的客户服务工作和营销工作是掌握客户资源、顺利推介各项金融产品的重要保证。在厅堂营销的过程中，营销人员经常会遇到以下问题：①不知道厅堂里的哪些客户是优质客户；②不知道怎样促成意向客户；③当客户出现异议的时候不知道如何应对；④对于已成交客户不知如何长期维护。如何才能改善厅堂营销的这种现状呢？如图 3-4 所示，"游'任'有余——银行厅堂营销四部曲"课程能够让营销人员在厅堂营销的客户识别、营销促成、异议处理和客户维系等方面游刃有余地解决问题。

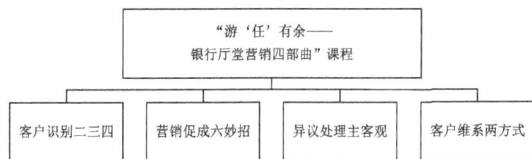

"游'任'有余——
银行厅堂营销四部曲"课程

客户识别二三四　营销促成六妙招　异议处理主客观　客户维系两方式

图 3-4　"游'任'有余——银行厅堂营销四部曲"课程的结构

📝 【实例11】"职场新人三级跳"课程的结构设计

新员工在进入公司后要有一个适应过程：一是要适应工作环境，二是要提升工作能力。在这个阶段中，对新员工的培养和指导至关重要。"新人职场三级跳"课程的目标旨在解决新入职的员工由于对工作环境、沟通方式、礼仪技巧、职业规划、团队合作等不熟悉而造成的不能胜任工作岗位、不能融入工作环境的问题。在这门课程的设计中，笔者按照员工的三个发展阶段来设计课程的主体结构，同时笔者引入了电影《穿普拉达的女王》为课程的主体结构穿针引线。该影片讲述了一名刚走出校门的女大学生安迪在一家顶级时尚杂志社担任主编助理的过程中，从初入职场的菜鸟转变为职场达人的故事。在影片中，主人公安迪在刚刚进入职场时，经历了职场的蘑菇期，她迷茫、不知所措、状况百出。经过导师奈杰尔的指导，她能够从自身出发寻找问题，并快速调整自己以适应职场。影片的最后，安迪通过处事周全的能力，成为一个出色的职场达人。主人公安迪在电影中主要经历了三个职场阶段：初入职场——勇敢面对蘑菇期、快速融入——塑造职场价值、追求卓越——做事就要做到位，如图3-5所示。

```
          "职场新人三级跳"课程

   初入职场        快速融入        追求卓越

 勇敢面对蘑菇期    塑造职场价值    做事就要做到位
```

图3-5 "职场新人三级跳"课程的结构

2．循环流程

循环流程是单向流程的一种变形，这种结构中的第一步与最后一步相连，体现的含义是解决一个问题的过程不是从第一步到最后一步这样简单，而是要经过反复的循环和优化才能达成目标。例如，我们熟知的 PDCA 质量管理循环就是循环流程的代表，如图 3-6 所示。

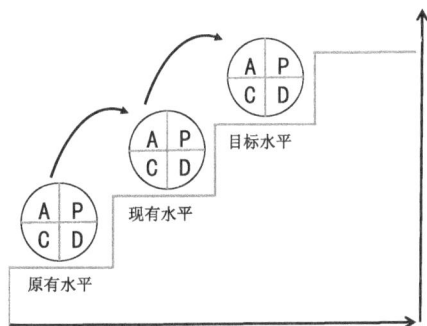

图 3-6　PDCA 质量管理循环

✎ 【实例 12】"高效执行 5+1" 课程的结构设计

"高效执行 5+1" 课程的结构就是按循环流程设计的。在这个课程中，培训师将员工如何高效地执行划分为 "5+1" 个步骤，如图 3-7 所示。

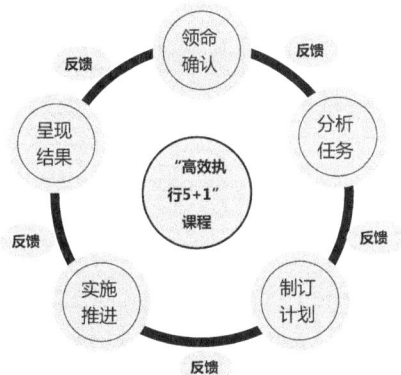

图 3-7　"高效执行 5+1" 课程的结构

众所周知，要想把事情做对，就要先做对的事情。领命确认是高效执行的第一步，这个步骤的目标是让学员能够做对事情。在这个步骤中，学员将学习如何才能听懂命令、如何与上司确认命令、如何能争取到更多的有利资源来达成目标。第二步是分析任务，分析在从领导那里领到的任务中，哪些任务是可以直接执行的，哪些任务需要进行深入的分析，以及完成这个任务需要哪些资源等。第三步是制订计划，针对分析的结果和需要的资源，如何才能合理地分配这些资源，如何将责任落实到人，每个节点制定怎样的目标，是这一步的关键。第四步是实施推进，从这一步起才开始执行任务，所以很多时候执行力不好不仅是因为没有第一时间去做，还有可能是因为没有找到正确的方法来做、没有严谨的计划来保障结果。如何跟进和检查计划的执行，在出现突发情况的时候如何处理，将是这一步的重点。第五步是呈现结果。执行不仅要结果有力，而且要脸上有光。这一步教会学员如何总结成果，如何形成文档或案例，如何将成果简洁有力地汇报给领导。在每次汇报结果之后，管理者会根据员工完成任务的能力和结果，调整员工的任务目标或为员工指派新的任务，这时就开始了新一轮的执行循环。

员工的执行实际上是对管理者意图的实现，也就是说，员工的执行过程和结果是由管理者来指挥和评估的。在执行过程中，"反馈"是一个至关重要的环节。只有在每步完成后及时而准确地反馈，才能确保执行的结果和管理者的期望保持一致。所以，在"高效执行5+1"课程的结构中，反馈成了贯穿整个流程的关键环节。

3. 方法元素

解决一个问题可以有不同的方法和元素，按照这种方式搭建的结构，我们称为依据方法元素建立结构。例如，对销售新人来说，由不能准确地挖掘出客户需求造成的销售失败率高的问题非常普遍。如何才能精准地把握客户需求呢？第一种方法：找资料。这种方法的重点是突出"找"。运用多种信息渠道找到客户的公开资料，从中探寻客户需求。第二种方法：挖信息。这种方法主要体现的是"挖"。通过内线（客户公司）和外线（合作公司）结合的方式获得客户需求。第三种方法：谈需求。这种方法主要体现的是"谈"。在与客户交谈的过程中，通过直接或间接的方式询问客户需求，或者通过客户谈话的弦外之音来判断需求。依据解决"如何挖掘客户需求"这个问题的三种方法搭建的课程结构，如图 3-8 所示。

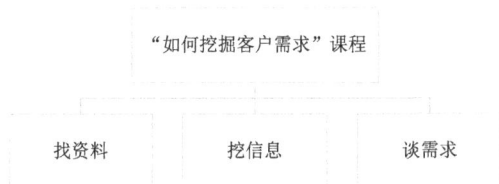

图 3-8 "如何挖掘客户需求"课程的结构

✏️ **【实例 13】"八大浪费的识别与处理"课程的结构设计**

在生产制造型企业中，浪费是指不增加附加价值却使成本增加的一系列活动，它存在于工作的各个环节，每一种浪费都是企业利润的"杀手锏"。如何识别浪费，如何减少浪费，如何降本增效，是每个生产制造型企业的重要目标，也是培训人员的重要任务。如图 3-9 所示，培训师通过对不良修正浪费、制造过多浪费、等待浪费、管理浪费、搬运浪费、库存浪费、加工过剩浪费、动作浪费八种浪费的识别与处理，解决企业各层级员工在生产与管理过程中，由于对浪费源识别不清和处理不当而造成的各种浪费问题。

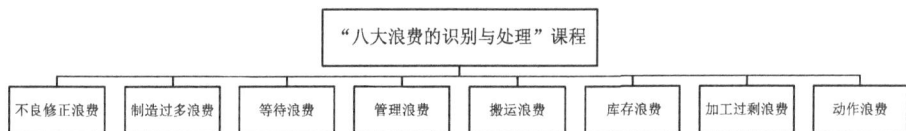

图 3-9 "八大浪费的识别与处理"课程的结构

4．场景应用

解决问题的课程不仅要教会学员知识和方法，更要教会学员如何在工作中进行应用。场景应用是将课程中的知识和方法融入工作场景的一种搭建课程结构的方式。例如，企业在员工入职后，都会对员工进行五险一金方面的培训，传统的培训方式是按照五险一金的定义和知识点进行讲解，不仅信息量大，而且很难记忆和理解。如图 3-10 所示，如果按照场景应用的方式将五险一金的知识融入员工的实际工作中，将会更有助于员工的消化和理解。

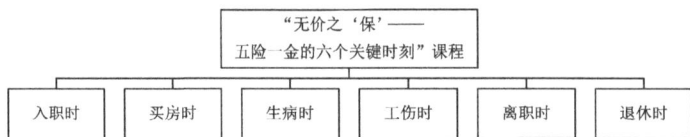

图 3-10　"无价之'保'——五险一金的六个关键时刻"课程的结构

【实例 14】"这样拍，就对了——在 P 模式下搞定企业宣传摄影"课程的结构设计

宣传摄影课程是企业宣传员的必修课。企业宣传员在拍摄宣传片时，经常出现拍摄不清晰、主体不突出、场面混乱、包含负面因素、动作表情僵硬等问题。如果按照正常的摄影课程设计，那么宣传摄影课程应该包含这样的结构，如图 3-11 所示。

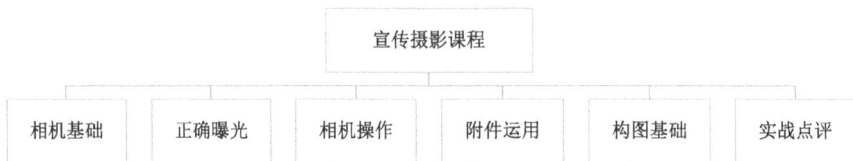

图 3-11　"宣传摄影课程"的结构

图 3-11 中的课程结构是常见的摄影课程结构，这种结构的好处是从基础开始循序渐进地教学员摄影，一般这样的课程需要 2~3 个月的时间和大量的实践才能让学员掌握相应的技巧。在很多企业中，企业宣传员身兼数职，让他们拿出这么多的时间来学习，无论对企业来说还是对个人来说都是一个很大的

负担。如何更好地帮助企业宣传员解决问题并实现目标呢？培训师在经过调查和分析后得出结论，企业宣传照片一般有四种：会议类摄影、人物类摄影、活动类摄影和特写类摄影。每种照片有不同的目标要求，只要达到目标要求就是一张合格的企业宣传照片。培训师最终选择通过不同场景下的相机操作规范和要求来搭建课程结构，图 3-12 所示的课程结构是修改后的课程结构。

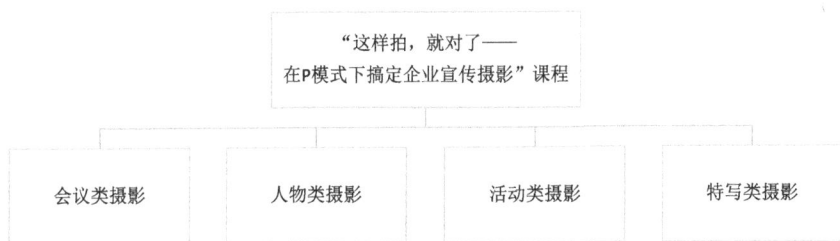

图 3-12　"这样拍，就对了——在 P 模式下搞定企业宣传摄影"课程的结构

5．问题痛点

一个大问题由不同的小问题组成，解决了这些小问题，大问题也就迎刃而解。依据问题痛点建立结构，就是通过这些大问题所包含的小问题来搭建课程结构。例如，某企业入职 1～3 年的员工由于沟通能力不足，经常造成低效行为和错误结果。经过深入调研发现，在职场沟通中他们经常出现的问题有接受任务有偏差、汇报工作无重点、请求帮助无响应和分工协作少边界。图 3-13 所示为依据这些沟通中的小问题搭建的课程结构。

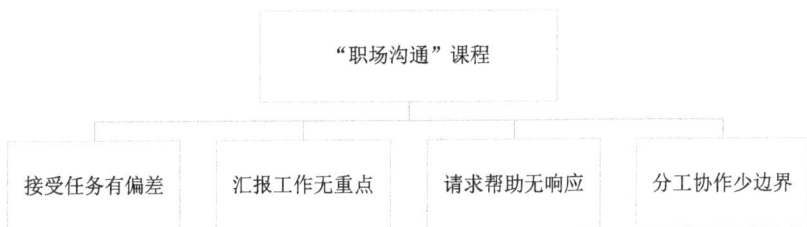

图 3-13　"职场沟通"课程的结构

✏️ **【实例15】"如何组织员工续签劳动合同"课程的结构设计**

在企业中，人力资源管理者在组织员工续签劳动合同过程中，由于对企业合同管理制度了解得不透彻、执行不到位，从而造成劳动用工风险、声誉风险等问题。希望通过课程学习，人力资源管理者可以及时组织并完成员工劳动合同签订工作，并有效防范可能遇到的劳动合同风险和纠纷。如图 3-14 所示，在设计这个课程时，我们直接把人力资源管理者最关心的四类问题作为课程的主体结构，这四类问题分别是谁能签（说明员工续签的三个条件）、签多久（说明如何选择续签合同的期限）、找谁签（说明续签审批的三个流程和权限范围）、注意啥（说明续签合同时经常出现的五类错误）。

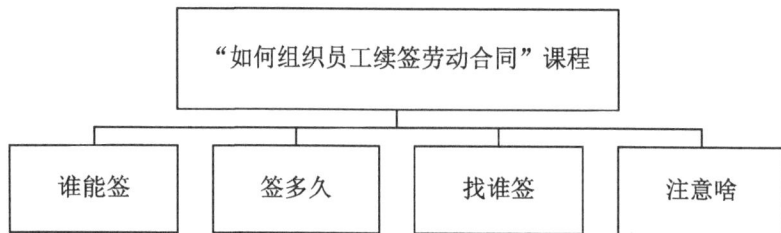

图 3-14　"如何组织员工续签劳动合同"课程的结构

6. 要点关系

按要点关系设计课程结构是指利用事物的组成或内在关系来建立课程结构，常见于产品类或知识类的课程。例如，在电力企业中，如果电力变压器发生事故，就会对电网用户影响巨大，要想让电力变压器不出故障，日常的检查、保养和维护是关键。作为电力企业的员工，清晰、完整地认识电力变压器是完成检查、保养和维护的前提。"电力变压器介绍"属于典型的知识类课程，该课程的结构是按照电力变压器的各组成部分来建立的，如图 3-15 所示。

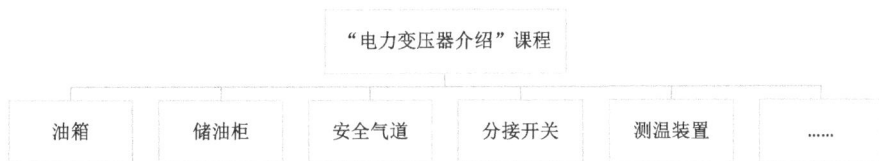

图 3-15 "电力变压器介绍"课程的结构

【实例 16】"超级智能电视超好看"课程的结构设计

超级智能电视是一款新型电视,在上市前需要解决的是终端导购员在向消费者讲解新机时,由于对产品特点和卖点不熟悉而造成的讲解逻辑不清、不能有效影响消费者做出购买决定的问题。如图 3-16 所示,针对这个需求,培训师在设计课程主体结构时,针对超级智能电视的特点和卖点,采用了从外观到效果再到内容的由外而内的介绍逻辑。在设计课程二级结构时,根据外观、效果和内容三方面的独特卖点进行梳理,按照"窄、精、薄""自、动、黑、鹦""广、节"九个字的记忆顺序展开讲授。

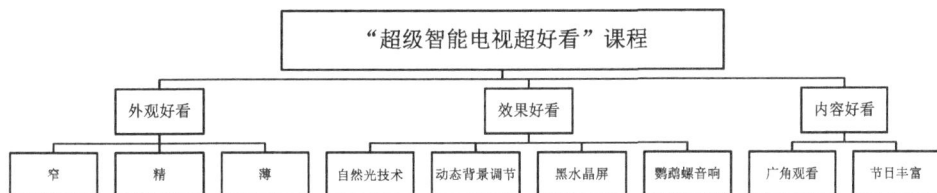

图 3-16 "超级智能电视超好看"课程的结构

7．态度观点

在心态类课程中,培训师需要通过论证的方式,来说服学员认同其在课程中所传达的态度和观点。在设计这类课程的结构时,培训师经常用到归纳法和演绎法。归纳法,指的是从许多个别事例中获得一个较具概括性的规则。这种方法主要从收集到的既有资料入手,对资料进行抽丝剥茧的分析,最后得出一个概括性的结论。例如,因为铁能导电、铜能导电、铝能导电、银能导电,所以得出的结论是金属能导电，如图 3-17 所示。演绎法则与归纳法相反，是从既有的普遍性结论或一般性事理推导出个别性结论的一种方法。演绎法由较大范围逐步缩小到所需的特定范围。例如，金属能导电，由于铁是金属，所以铁能导电，如图 3-18 所示。

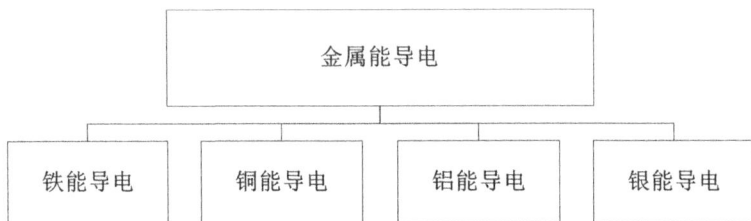

图 3-17　归纳法

图 3-18　演绎法

【实例17】"雄姿英发——成功，从 YD 出发"课程的结构设计

企业文化是企业的灵魂，是推动企业发展的不竭动力。它包含着非常丰富的内容，其核心是企业的精神和价值观。这里的价值观不是泛指企业管理中的各种文化现象,而是企业或企业中的员工在从事经营活动中所秉持的价值或观念。YD 人寿是一家中外合资保险公司，成立于 2007 年，近年来由于业务快速发展，大量的优秀人才涌入公司。如何让这些优秀人才快速融入公司，如何让他们快速融入 YD 人寿的企业文化中，成为公司培训的重中之重。如图 3-19 所示，培训师将公司的多种优势和文化传承分为"有内涵，雄厚实力""有颜值，风姿绰约""有作为，汇聚英才""有前途，蓄势待发"四个维度，运用归纳法进行了深入论证。培训师在"有内涵，雄厚实力"维度从看背景和看财力两方面来论证；在"有颜值，风姿绰约"维度从成长图、架构图、特色图和文

化图四个方面来论证；在"有作为，汇聚英才"维度从说理念、说培养和说晋升三个方面来论证；在"有前途，蓄势待发"维度从话形式、话战略和话发展三个方面来论证。

图 3-19　"雄姿英发——成功，从 YD 出发"课程的结构

（三）用前置内容完善核心结构

以上七种课程结构的设计方式，体现了解决问题的主体结构。但是在实际课程开发中，除了体现解决问题的主体结构，有时还需要在课程中体现方法的定义、解决问题的价值和解决问题前需要了解的知识。对于这些内容，我们一般将其作为课程的"前置内容"。如图 3-20 所示，在"常见计量装置差错分析"课程中，课程目标是通过对常见电压回路故障、常见电流回路故障和常见电能计量表的故障进行分析，让学员掌握常见计量装置出现错误时的解决方法。在这个课程中，学员除了掌握这些解决方法，还需要了解电能计量表对企业的重要性和常见电能计量表的分类。对于电能计量表对企业的重要性和常见电能计量表的分类这两部分内容，培训师可以将其放在图 3-20 所示的分支结构中，作为课程的前置内容供学员了解。在授课过程中，这部分内容一般会放在开篇讲授，但由于属于前置内容，因此所用授课时间相对会少很多。

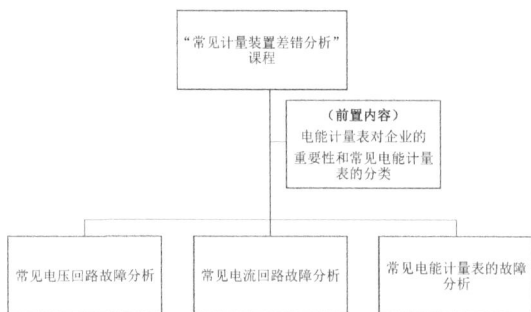

图 3-20　"常见计量装置差错分析"课程的结构

二、包装内容，形象生动好记易用

有一次去朋友家做客，在一起出门吃饭的时候，笔者听到朋友嘴里嘀咕着什么，就好奇问他在说什么，他随口说："伸手要钱（身手钥钱）。"听后笔者半开玩笑地说："这顿饭我请了。"朋友赶忙解释不是这个意思，原来是因为他出门总忘记带钥匙和手机，有几次在门口等到很晚，才等到家人回来。后来他总结出一句口诀，就是"身手钥钱"，意思是指出门要带的四样东西：身份证、手机、钥匙、钱包。一个生活中的例子让我们看到了一个事实，即使是我们身边很熟悉的东西，如果没有一个好的记忆方法，那么也很容易被忘记。前面我们分享了如何设计课程结构，让知识更好地存储和提取。接下来笔者将和大家分享包装内容的方法，让其形象生动、便于记忆。这些方法既可以包装课程内容，又可以包装课程结构。

包装课程内容时常用的八种方法分别为英文组合、汉字拆分、数字连读、穿针引线、谐音连接、形象类比、颜色分类、诗词改编。

（一）英文组合

英文组合是指用英文单词中的字母组成容易记忆的缩写，一般较多使用的是单词首字母。例如，肯德基在全球范围内推广 "CHAMPS" 冠军计划是为了给顾客带来标准、稳定和可靠的服务。"CHAMPS" 就是由肯德基每项要求的英文首字母组成的，既突出了服务的目标，又能够使人快速记住，绝对称得上是一语双关的好案例（C：Cleanliness，保持美观整洁的餐厅；H：Hospitality，提供真诚友善的接待；A：Accuracy，确保准确无误的供应；M：Maintenance，维持优良的设备；P：Product Quality，坚持高质稳定的产品；S：Speed，注意快速迅捷的服务）。在工作中，还有很多让人耳熟能详的工具、方法是使用英文缩写表示的。例如，制定目标的 SMART 原则、改善质量的 PDCA 循环、营销理论中的 4C 和 4P、教练技术的 GROW，还有本书中的 FAST 模型等。

手机销售人员会用提问的方式获取客户需求，经验丰富的销售人员经常问以下五类问题。① 与工作相关的问题（Job）。例如，您从事什么工作？您是否经常出差？② 购买用途（Use）。例如，您是自己用还是为朋友买？③ 生活习惯（Life）。例如，您喜欢用大屏手机还是小屏手机？④ 兴趣点（Interest）。您平时用得最多的手机功能是什么？ ⑤ 已有经验（Experience）。例如，您有没有看好的型号？为了让销售人员快速记住这五类问题，培训师可以采用英文组合的方式，将五个英文单词（Job，Use，Life，Interest，Experience）的首字母组合起来，就是一个容易记忆的英文组合 "JULIE"。

【实例 18】"BEST 高能经验萃取" 课程的结构包装

一旦企业的业务专家离开所在的工作岗位，储存在该专家大脑中的经验也将随之被带走，继任者将不得不从头开始摸索。这些业务专家一旦离开企业，那些关系企业经营运作的重要经验也将一去不复返。"BEST 高能经验萃取" 课程旨在解决企业的中基层管理者、业务岗位技术精英、企业专兼职培训师和企业新员工导师，在企业快速发展过程中或核心员工离职时，由于经验流失所造成的企业发展内驱力不足和优秀经验难以留存的问题。"BEST 高能经验萃取"课程共分为四步：描绘蓝图，岗位经验情境化；逐级萃取，隐性经验显性化；建模封装，显性经验形象化；传承落地，推广经验普及化。为了便于学员记忆，用 Blueprint 表示描绘蓝图，用 Extract 表示逐级萃取，用 Structure 表示建模封装，用 Transfer 表示传承落地，如图 3-21 所示，最后将这四个单词的首字母组合在一起，就形成了 BEST 的包装。

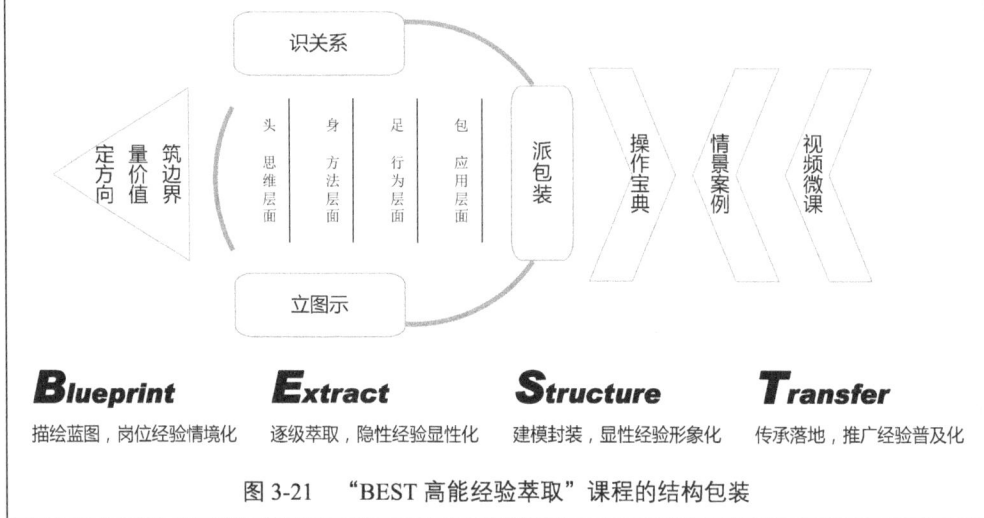

Blueprint	**E**xtract	**S**tructure	**T**ransfer
描绘蓝图，岗位经验情境化	逐级萃取，隐性经验显性化	建模封装，显性经验形象化	传承落地，推广经验普及化

图 3-21 "BEST 高能经验萃取"课程的结构包装

（二）汉字拆分

英文字母的好处在于容易组合，缺点是对学员的英文水平要求会高一些。针对这个问题，汉字拆分会更符合中国人的理解和记忆习惯。汉字拆分是通过赋予汉字结构中的每个部分含义，让学员记住课程内容的一种包装方法。

✏️ 【实例 19】"赢在职场——员工职业化五项修炼"课程的结构包装

K 公司主营业务是房地产开发，公司要求所有员工必须具备五类优秀的职业素质。第一，安全意识。这是重中之重，公司要求每位员工在工作时必须时刻保持警惕、时刻重视安全隐患。第二，成本意识。工地上或办公室中的不在意的浪费会造成企业利润严重下滑，成本意识是除安全意识之外的第二个重点。第三，工作效率。房地产开发在项目管理中属于复杂项目，每个环节的效率都决定了最终能否按期完工。公司要求所有员工要具备良好的时间观念，以提高执行效率。第四，沟通能力。房地产开发项目需要多部门的协作和配合才能完成，良好的协作离不开部门之间和谐而高效的沟通。第五，平凡心态。员工不仅要做好廉洁工作，更要以平凡的心态过好工作中的每一天。

如何将这五点进行包装呢？"赢"字就是最好的解读。亡，代表死亡，如果不遵守安全规范，没有严肃的安全意识，那么最终结果就是提前死亡。口，代表口才，代表着工作中的沟通能力。月，一年分春、夏、秋、冬四季，每季为三个月。孟月、仲月、季月分别指每季的第一个月、第二个月、第三个月，所以月也就有了时间的意思。提高工作效率就是在同等的时间内完成更多的工作，"月"的意思是与之匹配的。贝，古代曾将贝壳作为货币，所以"贝"字的意思可以解释为资金，也可以解释为让员工在工作中提高成本意识、减少浪费。凡，代表平凡心态，和企业的要求也是相符的。这门课程的结构最终被包装为"赢"字，如图 3-22 所示。

图 3-22 "赢在职场——员工职业化五项修炼"课程的结构包装

（三）数字连读

数字连读是指用一、二、三、四、五等数字结合经验中的关键要点进行连读，让课程内容更顺口，也更容易被传播、记忆。例如，我们如何判断一碗兰州牛肉拉面是否正宗呢？作为资深的美食爱好者，一定要记住它的五个特点，即"一清""二白""三红""四绿""五黄"。"一清"指牛肉汤清；"二白"指萝卜片白；"三红"指辣椒油红；"四绿"指蒜苗、香菜翠绿；"五黄"指面条呈现淡黄色。这种方式能够帮助我们熟记正宗兰州牛肉拉面的五个特点。

【实例20】"治标要治本——五步提高装箱发货质量"课程的结构包装

在装箱发货的过程中，负责装箱发货的员工由于对产品基础信息和标准化作业文件理解不透彻，导致产品划伤、断裂、变形、破损、装错等问题频繁出现。为了避免这样的问题出现，提高装箱发货的质量，使员工有章法、有条理地进行标准化装箱发货作业，规避对产品的二次损伤，我们对业务专家的经验进行了萃取，在"治标要治本——五步提高装箱发货质量"课程中，提出了一系列方法：一个牢记（牢记规程），两个合理（选用合理、摆放合理），三个不要（不要磕碰、不要外露、不要接触），四个避免（避免混箱、避免乱放、避免多发、避免漏发），五个分清（分清轻重、分清大小、分清软硬、分清高低、分清多少）。

【实例21】"点石成'精'——景观置石五部曲"课程的结构包装

在设计园林景观时，景观置石是一个能出艺术效果但不能仅靠图纸来施工的工程。对项目技术负责人或驻场设计师来讲，在施工中经常出现如下问题：①理论自己都懂，但就是摆不好；②一堆石头，完全不知道怎么摆；③不知如何与同事进行良好的技术沟通；④景观置石效果差，业主不满意，造成返工。

以上这些情况在公司近年来大部分项目中都有出现。如图 3-23 所示，"点石成'精'——景观置石五部曲"课程分五个步骤对景观置石进行讲解，这五个步骤分别是一埋、二选、三尺度、四求趣味、五类足。一埋，所有的石头下端必须埋。二选，相地和相石，选对正确的地点和正确的石头。三尺度，如何设计大空间尺度、小空间尺度和复合空间尺度。四求趣味，在选好地点、选好石头、研究好周围空间后，还需要一个有趣味的摆放方式。五类足，置石还应该运用好五种类型，这五种类型分别是孤置类、对置类、散置类、搭配类、器物类。

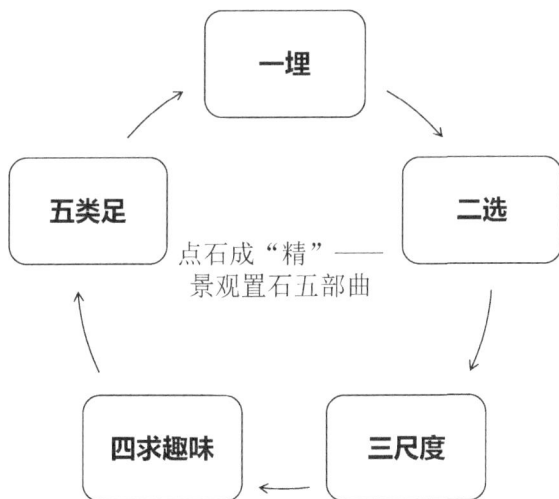

图 3-23　"点石成'精'——景观置石五部曲"课程的结构包装

（四）穿针引线

穿针引线是指在包装的过程中，可以通过穿"字头""字中""字尾"来突出关键要点，实现助力记忆的作用。例如，对于金庸的著作，大家应该都不陌生，很多人甚至能够将其著作名称倒背如流，这是为什么呢？因为金庸将自己著作名称的第一个字串了起来，写成了一副对联："飞雪连天射白鹿，笑书神侠倚碧鸳。"这副对联中的每个字依次对应的著作名称分别是《飞狐外传》《雪山飞狐》《连城诀》《天龙八部》《射雕英雄传》《白马啸西风》《鹿鼎记》《笑傲江湖》《书剑恩仇录》《神雕侠侣》《侠客行》《倚天屠龙记》《碧血剑》《鸳鸯刀》。通过这副对联，我们快速记住了金庸先生的 14 部著作。但当我们谈起与金庸先生同时代的古龙、梁羽生、温瑞安等名家时，一下说出他们的 14 部著作就有一些难度，这就是"穿针引线"的魅力。

【实例 22】"三思而后行——360°职场沟通"课程的结构包装

"360°职场沟通"是一门讲授职场中沟通原则和沟通技巧的课程。课程的主要内容分为五部分。第一部分介绍沟通中最大的问题来源于自己的心智模式，先入为主、投射效应、循环证实三堵"心墙"是造成职场中沟通障碍的主要因素。拆掉这三堵"心墙"不仅需要恰当的方法，而且需要由内而外改变的勇气。第二部分讲授不同的行为风格会有不同的沟通方式，良好的沟通首先是洞见自己的行为风格，然后是理解他人的行为风格，最终在沟通中能接纳和认同他人与自身的不同。正所谓好的沟通不是"己所不欲，勿施于人"，而是"人之所欲，吾将给之"。第三部分讲授良好沟通氛围的建立，需要选择因人而异的沟通方式，不仅能达成目标，而且能维护情感。如何与沟通对象在思维方式和表达方式上同频，是这部分的重点，也是和谐沟通的重点。第四部分讲授在思维方式和行为方式上同频之后，还需要在沟通内容上进行同步。沟通是一个双向连接的过程，良好的倾听和适时发问是理解对方表达的观点和排除理解异议的关键动作。这一部分解决的两个问题是如何听才能理解对方表达的内容和如何问才能排除沟通中的异议。第五部分讲授行之有效的沟通是由明确的沟通目标和清晰的观点表达组成的，如何用简短的语言表达自己的观点和思想并让对方理解，是这一部分重点解决的问题。

这么复杂的五部分内容，学员如何能更好地记住呢？这是摆在培训师面前的一个难题！培训师经过分析发现，这五个部分可以用一句话连接，那就是"三思而后行"（见表 3-8）。"三思而后行"出自《论语·公冶长》，意为做事谨慎，小心稳妥，我们取其意为"沟通前多思考、沟通中有技巧和沟通后出结果"，这正与职场沟通时希望实现的"达成目标、维护情感"相一致。随后，课程名称也被改为"三思而后行——360°职场沟通"。

表 3-8　"三思而后行——360°职场沟通"课程的结构包装

包装文字	对应内容
"三"	拆掉沟通中的"三"堵心墙
"思"	识别"四"种典型沟通风格（"思"谐音"四"）
"而"	选择因人"而"异的沟通方式
"后"	"候"时发问探听真实需求（"后"谐音"候"）
"行"	"行"之有效的表达

（四）谐音连接

谐音连接是指提取课程内容中的关键要点，利用谐音的方式进行连接，从而帮助学员进行更好的记忆。例如，在生活中，一般戒指戴于食指表示未婚，戴于中指表示处于热恋之中，戴于无名指表示订婚或者结婚，戴于小手指表示独身。后来，为了方便记忆，就有人提出了"清热解毒"戴戒指的记忆方法。其中，"清"代表未婚时的清闲，"热"代表热恋中，"解"谐音"结婚"中的"结"，"毒"谐音"独身"中的"独"。

【实例 23】"'享'你出彩——质量管理小组的建立与推动"课程的

结构包装

在某机器人制造企业中，负责装配的员工在装配过程中，由于不善于总结经验，导致各种质量问题时有发生，成本不断攀升。大部分企业都希望好的经验能够得到分享与传承，于是质量管理小组的模式在企业中被广泛推广。"'享'

你出彩——质量管理小组的建立与推动"课程通过对业务专家经验的萃取，形成了三个步骤：①打一套"组合权"（组建团队定方向、合力谋划定主题、权衡价值定目标）；②学一套"数理化"（数据收集做准备、理性分析做判断、化繁为简做确认）；③创一套"三自经"（三榜定案出标准、自我超越出计划、经验传承出推广）。

（五）形象类比

在生活中，如果有一件事情你不理解，你会让对方举一个例子或做一个比喻来帮助你理解。形象类比是运用生活中的事物和情境来帮助学员理解课程结构或内容的一种记忆方式。例如，在"新任班组长角色认知"课程中，如图 3-24 所示，培训师将新任班组长需要扮演的四个角色（执行者、管控者、协作者、领导者）类比为蝴蝶的翅膀，将新任班组长必备的责任意识类比为蝴蝶的身体。

图 3-24   "新任班组长角色认知"课程的结构

【实例 24】"超级马力——好员工靠激励"课程的结构包装

在"超级马力——好员工靠激励"课程中，培训师列举了五种激励员工的方法，这五种方法分别是榜样激励、参与激励、授权激励、轮岗激励和赏识激励。如何让学员更好地记住这五种激励方法呢？培训师首先考虑的方案是将每种激励方法的英文单词的首字母组合起来。与每种激励方法相对应的英文单词分别如下：榜样，Model；参与，Participating；授权，Authorized；轮岗，Job Rotation（轮岗由两个单词组成，这种激励方法的核心是岗位的轮换，最终选择 Rotation 作为标志性单词）；赏识，Appreciate。五个单词的首字母没有经过排序的组合结果是 MPARA。显然这种组合不容易记忆，也不容易读出来。经过多次排列，培训师选择了 MARPA 这个组合，读音为"马帕"。作为培训师，这时候不要马上做决定，而是要思考现在的包装是不是最好的方案。通过多次设计，培训师选择了用类比的方式来表达五种激励方法，具体就是利用人的五个手指来协助理解和记忆这五种激励方法，如图 3-25 所示。

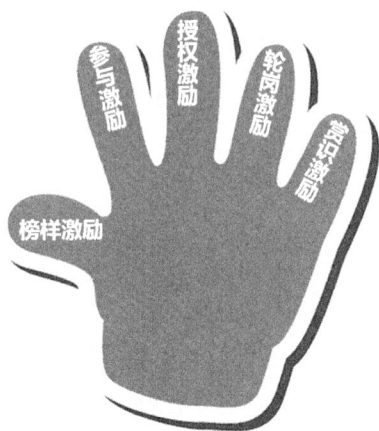

图 3-25　激励的五个手指

在生活中，如果你做了一件让人佩服或骄傲的事情，旁边的人会用竖起大拇指的方式来夸赞你。伸出大拇指，表示欣赏、很厉害、很棒的意思，所以榜样激励就用大拇指来代表。食指是我们使用频率较高的手指之一，无论是工作还是生活，它都参与进来了。食指还有指向性作用，一般指方向的时候会用到食指。参与激励的核心方法是让员工更多地参与到部门的会议讨论和决策中，所以食指代表参与激励非常合适。在五个手指中，最长、最突出的是中指，可能它的使用频率没有食指和大拇指高，但是它好像一个团队的协调者，关联着所有手指的运动。授权是选择在团队中能干活、有担当的人来协助领导者完成任务，所以选择中指代表授权激励也是很恰当的。轮岗可以从重要的业务岗位轮值到后勤岗位，也可以从一般性的后勤岗位轮岗到业务岗位。在这个过程中，员工分别体验了各自的工作内容和工作特点，既提升了能力，又增进了彼此间的理解。在五个手指中，无名指有时候担负着佩戴结婚戒指的重任，有时候并不像其他手指那么忙碌，和轮岗的含义很贴合，所以选择无名指代表轮岗激励。最后剩下的小手指代表赏识激励。需要提醒管理者的是，任何员工都会有他的优势，即使是弱小的小手指，在整个手掌中也发挥着在拿东西时让手的握力更大的作用。

将五种激励方法与人的五个手指结合起来，从记忆的角度来说，这样容易让人记住；从应用的角度来说，每当你看到自己的手指时，就能结合实际需要快速选择恰当的激励方法。

（七）颜色分类

颜色分类是指用不同的颜色来区分内容和帮助学员记忆。例如，"六项思考帽"是一门经典的思维训练课程，它是英国学者爱德华·德·博诺博士开发的一种思维训练模式，或者说是一个全面思考问题的模型。在这个模型中，爱德华·德·博诺博士通过六种帽子的颜色来区分六种思考问题的方式。

白色思考帽。白色是中立而客观的。戴上白色思考帽，人们思考的是客观的事实和数据。

黄色思考帽。黄色代表价值与肯定。戴上黄色思考帽，人们从正面考虑问题，表达乐观的、满怀希望的、建设性的观点。

黑色思考帽。戴上黑色思考帽，人们可以表达否定、怀疑、质疑的态度，合乎逻辑地进行批判，尽情发表负面的意见，找出逻辑上的错误。

红色思考帽。红色是情感的色彩。戴上红色思考帽，人们可以表现自己的情绪，还可以表达直觉、感受、预感等方面的看法。

绿色思考帽。绿色代表茵茵芳草，象征勃勃生机。绿色思考帽象征创造力和想象力。它具有创造性思考、头脑风暴、求异思维等功能。

蓝色思考帽。蓝色思考帽负责控制和调节思维过程。它负责控制各种思考帽的使用顺序，规划和管理整个思考过程，并负责做出结论。

【实例25】"老司机带你快速识别职场红绿灯"课程的结构包装

职业化是一种工作状态的标准化、规范化、制度化，即在合适的时间、合适的地点，用合适的方式说合适的话、做合适的事。职业化使员工在知识、技能、观念、思维上符合职业规范和标准。"老司机带你快速识别职场红绿灯"课程从职场行为规范、职场行为禁忌和职场隐性规则三个维度解决新员工在入职初期，由于经常出现不规范的职场行为和思维而造成的职业化程度不高、工作和沟通效率低下等问题。为了帮助学员记忆，培训师将职场行为规范用绿灯来表示，目的是鼓励新员工应该多做。例如，职场着装和邮件等方面的礼仪。培训师将职场行为禁忌用红灯来表示，目的是时刻提醒学员这些行为是千万不可做的。例如，泄露公司机密、旷工、贪污公司财产等。同时，有些职场隐性规则并没有明确的对错，更多还是看此种行为发生的场合，所以培训师用黄灯来表示。例如，工位整洁和工作意识等。

（八）诗词改编

将课程结构或内容按照诗词的格式进行改编，借助诗词本身的影响力来激发学员的兴趣，并帮助他们记忆。诗词改编的方法既让课程结构变得生动活泼，又能够激发学员对课程内容的兴趣。作为培训师，需要养成平时记录一些经典诗词的习惯，这样才能在开发课程时信手拈来。

【实例26】"恋上标准，玩转物业——标准服务打造品质物业"

课程的内容包装

> 某房地产集团下属的物业公司为物业服务人员开发了一系列课程,课程内容包括客户服务、环境管理、设备设施、装饰装修、品质控制五个方面。课程的开发目标是解决一线物业服务人员在物业管理过程中,由于不能依照服务标准开展工作而造成的服务水平参差不齐和业主投诉的问题,取得全员实施标准化服务、提升业主满意度的结果。培训师将这些课程统一命名为"恋上标准,玩转物业——标准服务打造品质物业"。在环境管理这个课程中,培训师分别从保洁、保安、绿化、车辆和小区监控五个方面对物业服务人员进行培训。培训师把每部分内容的核心字连起来,即"保保绿车控",将其作为课程的主体结构。为了促进学员对每部分内容的理解,培训师模仿仓央嘉措的诗,为这个课程的主体结构写了一首诗。
>
> 谁,扫我楼道,净我半世楼阁;
>
> 谁,站我院门,保我安居家和;
>
> 谁,绿我庭院,染我园区颜色;
>
> 谁,巡我爱车,佑我驾驹畅游;
>
> 谁,做我耳目,助我心安理得。

⚠ 注意事项　内容包装

- 要与原意相符。包装后的内容要与原意保持一致,切忌产生误解和冲突。
- 要适度包装。适度的包装有利于记忆,过度的包装会让学员的记忆超载。

- 要容易记忆。尝试对同一内容运用多种方式进行包装，最终选择学员最容易传播和记忆的那一种。在"超级马力——好员工靠激励"课程结构包装的案例中，培训师抛弃了"MARPA"的英文组合，最终选用了五个手指的类比方式来包装内容。
- 要便于区分。要将包装后的内容与学员熟知的内容区分开，以免产生混淆。
- 要朗朗上口。好的包装必须朗朗上口，这样才可以让学员在需要使用的时候快速提取。

第三节 量化成果——让内容可衡量

在第二章中笔者讲到了如何制定课程开发目标，这个目标对课程开发定位来说是必要的，但是不容易在课堂上衡量和检查。作为培训师，对课程进行掌控的时间主要集中在课堂上，如何让学员在课堂上掌握得更多且更扎实，是培训师的首要任务。

一、表现目标，让培训效果显性化

课堂表现性目标是对在课堂环境中学员能完成什么的详细描述。我们之前已经讲过的课程开发目标属于宏观教学目标，它所描述的是学员运用所学技能和知识的现实情境，而不是学习情境。课堂表现性目标是对学员完成一个单元的学习后能做什么的确切描述，表现的重点情境是课堂环境，而不是现实情境。课堂表现性目标是在培训过程中能够看到的显性化成果，可以通过测试和练习的方式检验。课堂表现性目标有助于学员确认培训后应得到的结果，有助于培训师和学员对培训过程做出客观评价。总之，课程开发目标是对在应用（绩效）情境中学员能做什么的陈述，课堂表现性目标是对学员在学习情境中能做什么的陈述。

（一）课堂表现性目标的制定原则

课堂表现性目标的制定原则有两个：当堂能实现和当堂可检验。"当堂"指的是要在课堂上能够完成，"能实现"是指所设计的检查标准在课堂环境中能够实现，"可检验"是指实现的结果可以用一定标准和工具进行检验。例如，在一次国家电网内训师培训的课堂上，一位学员开发的课程主题是"110kV 变压器维护"，当写到课堂表现性目标时，他写的是"通过现场演练的方式，让学员能够在 15 分钟内找到变压器的故障点"。听起来这个目标没有什么问题，可实际情况是，在课堂上根本没有变压器设备，根本无法实现这个检验。经过调整后，他写的课堂表现性目标是"在给定故障图的条件下，让学员在 10 分钟内找到变压器故障点，并说出解决方案。"这样的目标描述让培训师可以在课堂上对教学成果进行检验，也可以根据检验的结果做出相应的教学内容调整。

课堂表现性目标越趋近现实目标越好。例如，在"七寸——如何精准把握客户需求"课程中，课程开发目标是"解决新入职的理财产品销售人员在首次与客户面谈过程中，由于对客户需求把握不准确而造成的介绍产品与客户需求不匹配的问题，取得通过系统性提问精准把握客户需求、建立信任关系并成功推荐产品的结果"。为了实现这个宏观教学目标，培训师制定的课堂表现性目标为：① 根据实际工作案例中的基本信息，准确判断案例中的客户类型，并能初步制定销售方案；② 在明确客户基本信息的条件下，运用 SPIN 方法挖掘客户需求，并匹配对应的解决方案。

（二）课堂表现性目标的四个要素

看看下面这些课程目标，是不是感觉很眼熟？

- 理解与不同性格的人进行沟通的特点；
- 掌握高效沟通的步骤和技巧；
- 掌握清楚表达自己观点的流程和技巧。

这种目标的书写方式很常见，其中的关键词是**了解、理解、掌握**。在课程中描述目标常用的句式是"了解什么、理解什么、掌握什么"，那么这样表述的目标如何检查？从"了解、理解、掌握"这三个词可以看出，这个目标和培训师自己的关系不大，也可以这样说，在课程结束后，如果效果不好，绝对不是培训师的责任。

一个好的课程目标应该是显性、具体、可操作且可衡量的，不仅可以让我们在课前了解课程内容和授课方式，而且可以让我们在课堂上跟踪、检查培训效果。显然上面这种书写方式不能达到这样的效果。

课堂表现性目标的优势在于更接近学习的本质，更直接聚焦学员的行为表现。运用这种方式来书写课程目标，可以使课程目标明确、具体、可观察、可评价，并且是从学员的角度出发的。课堂表现性目标的描述包含四种类型的信息，分别为"对象""行为""条件"和"程度"，也被称为 ABCD 法则。

Audience：**对象，即"谁"**。学习的主体是学员，目标描述的应当是学习主体的行为。规范的目标描述方式应该以"学员能……"开头，但在实际应用中我们有时省略"学员"两个字。书面上可以省略，但是思想上要牢记，教学的对象是学员，课堂表现性目标是对行为表现进行评估的标准。

Behavior：**行为，即"做什么"**。行为动词是用来描述学员可观察、可测量、可评价的具体行为的。这也是教学目标表述中最重要的部分。在一般情况下，使用动宾结构的短语来描述行为，其中动词是一个行为动词，它表明了学习的类型。常用的词语有背诵、辨别、描述、改写、比较、发现、分析、解释等。

Condition：条件，即"什么条件"。条件是指学员展示自己所掌握的知识、技能或者态度的条件。条件一般包括环境、设备、时间、心理、学员或培训师等有关因素。例如，外科医生通常在最佳的条件下（无菌手术室、光线良好、设备齐全、助手齐备）接受培训，但如果他是一个军医，就很有可能被送到战地医院甚至战场，必须在恶劣条件下（随时被袭击、光线不足、设备不全、没有助手）完成手术。行为产生的条件如下所示。

- 环境因素，如空间、光线、温度、噪声等。
- 人的因素，如独立、小组、培训师指导等。
- 信息因素，如资料、教科书、笔记、词典等。
- 时间因素，如速度、时限等。
- 心理因素，如采用什么样的刺激来引发行为的产生等。

Degree：标准，即"做到什么程度"。它是指完成的质量或可接受的最低衡量依据。我们应当以大多数学员在经过必要的努力之后，都能做到的事情作为行为的标准。学员行为表现一般具有很大的差异性，为了使学习目标具有可测量性，应该对学员行为水平进行具体的描述，描述内容包括基准和价值观标准两项。基准是指最低要求，主要涉及准确度、速度、产能、差错率、伸缩度、损耗率、时间要求等方面。例如，"识别产品型号的正确率为 100%"。价值观标准不是指最低要求，而是指较高甚至最高的要求，是另外一种基准，如公约、法规、道德约束等。例如，"在处理客户投诉时始终保持微笑"。

（三）课堂表现性目标的参考格式

书写课堂表现性目标可以参照以下格式。

经过培训后，学员能够，在××××条件下，完成××××××的任务，达到××××的标准或水平。

为了更好地满足阅读的要求，培训师可以在以上格式的基础上，对文字进行重新梳理。笔者针对一些案例，依照 ABCD 法则，对课程目标做了如下修改。

经过培训后，学员能够掌握以下技能和要点。

（1）运用 DISC 性格分类的理论（条件），准确（标准）判断给定案例中各角色的行为风格（行为）。

（2）在给出任务背景的情况下（条件），运用五步流程法（行为）在 2 分钟内清晰表达自己的观点（标准）。

（3）在不查阅教材的条件下（条件），在 5 分钟内（标准），解释"三思而后行——360° 职场沟通"课程中每个步骤的行为动作和技巧。

（四）课堂表现性目标书写前的三种分析

在开始梳理"课堂表现性目标"之前，你先要有一个完整的教学分析。也就是说，你要分析学员有什么特点、学习场景是什么样的，以及他们学习后的应用情境是什么样的。以教学分析的结果为基础，你才能够书写出清晰、准确的课堂表现性目标。

1. 学员特点

课题开发领域的已有知识。当前的许多学习理论都强调，确定学员对要教授的主题已具备多少相关知识，是非常重要的。学员对要学习的主题全然不知或知之甚少，这种情况是很少见的。但是他们所拥有的关于主题的知识往往是残缺的，或者是理解错误的。在我们进行教学时，学员会把我们所讲的内容与他们已有的知识联系起来，以此来解释教学内容。他们以已有的理解为基础来构建新知识，因此，对培训师来说，确定学员已知多少相关知识是极为重要的。

学习动机。许多培训师都把学员的学习动机视为决定教学效果的最重要因素，当然这是没错的。培训师经常会说，当学员对所学主题缺乏兴趣或动机时，学会基本是不可能的。但是作为培训师，应该做的是在设计教学方法的时候更好地激发他们的动机，而不是因为一些不可控的因素而避重就轻。关于如何激发学员的学习动机，笔者会在第四章详细讲解。

一般性学习偏好。学员是否只习惯讲座、讨论式教学？他们是否喜欢基于研讨、案例研究或问题解决的小组式学习？他们更喜欢的学习方式是什么？他们之前采取哪种学习方式取得了更好的学习成果？

2. 学习场景

学习场景能提供哪些教学条件。未来学员将在哪里上课，是否在课程开发之初这些条件就已经确定，还是能够根据教学设计调整教学环境。要搞清以下两点：一是根据已有条件设计教学目标，二是根据教学目标来布置学习场景。

学习场景是否模拟工作环境。在战场上学习如何打仗是最好的一种学习方式。学习场景和工作场景越接近，教学的检验就越容易，教学的效果也会越好。

学习场景有哪些限制条件。不论出于什么理由，都应该做出预案决策。这一点在教学设计时要被重点考虑而且要做出有效的预案决策。

3. 应用情境

是否有领导支持。研究表明，对于学员是否愿意在工作环境中运用新技能，最有利的预测指标就是学员得到的支持。如果管理人员、主管或同事对那些使用新技能的人不闻不问，甚至惩罚，那么新技能就会很难被应用。

工作场景中的哪些设备可以被用到教学中。新技能的运用是否有赖于设备、辅助设施、工具、时间安排或其他资源？为了使学员在类似于工作环境的条件下练习所学技能，这些设备是否可以被用于设计培训环境？

新技能是否需要和团队协作。学员在应用情境中是独立工作还是和团队成员一起工作？所学技能在本单位是否有人熟练掌握，还是他们本身是第一批学习这些技能的人？

二、配套工具，让教学内容可落地

在你购买产品时，在一般情况下企业都会将产品和使用手册打包放在产品包装中。因为商家很清楚用户可能因为不会使用产品，而对购买本身感到不满。企业为此会花费大量的时间和精力来组合、测试用户指导手册，以确保其容易使用。企业为了提高客户满意度，针对所售产品提供了使用手册，作为培训师，我们是不是也应该为学员提供类似的服务？答案是肯定的。课堂练习是让学员知道应该怎么做，但学员回到熟悉的日常工作环境中，面对蜂拥而至的工作，往往又回到了原有的工作方法上。配套工具的主要价值是作为课程内容的一种外部储存形式而存在。通过为课程配套工具，可以帮助学员回忆课堂所学内容，并能够助力学员运用所学内容来解决工作中的实际问题。笔者有一个学员，多年来在拜访客户前都会从钱包里拿出一张卡片，在仔细阅读并默记卡片上的内容后才开始正式的拜访。这张卡片上的内容是大客户销售的五个步骤，以及每个步骤中的注意事项和经典话术。他说："每次都拿出来看不是因为忘记了，而是让自己对其中的内容更加娴熟。这个动作为我拜访客户增强了信心，让我能够更专注于客户的需求和彼此的交谈内容。"

配套工具的目标是减少学员在工作中的应用难度，促使他们学以致用，更好地将其"扶上马，送一程"。常用的配套工具有工具表单、学习卡片、流程图和心法口诀。当然，在实际的课程开发中，并不仅限于这三种，培训师可以根据学员的实际需求，开发出更多、更有效的促进应用落地的优秀工具。

（一）工具表单

工具表单是利用表格的形式提示学员"要完成工作的标准"或"如何检查工作结果"的一种方法。由于其制作简易、使用方便，所以它是课后配套工具中最常用的一种方式。

【实例27】"高效会议组织与管理"课程的配套工具

"高效会议组织与管理"课程的开发目标是"解决会议组织者在组织日常会议时，由于缺少会议管理方法和工具而造成的会前无准备、会中无控制、会后无追踪的问题，希望达到有流程、有规范、有标准的高效组织与管理会议的目标。"在这门课中，培训师萃取了企业内部优秀的会议管理流程和方法，也通过阅读书籍和资料借鉴了外部的经典会议管理流程、方法和工具，形成了一套切实有效的会议组织与管理的方法和技巧。

这门课程的设计难点在于，在课后应用时如何让学员记住这么多的内容，如何让学员在开会时运用所学内容，以及如何在公司内部形成一套开会时的通用语言。能否解决这些问题成为检验这门课程效果的关键点。基于以上问题，培训师将"高效会议组织与管理"课程中的核心方法和工具，设计成了一套简单易用的"两页纸会议管理表"。

第一页纸正面：会议议程计划表

在图 3-26 中，会议议程计划表包含会议主题、会议目的、计划邀请参会人、会议地点、会议时间，以及会议中计划讨论的议题、负责人和每人发言的时间等内容。这些内容的准备是一次会议成功的基本要素，必须在会议前考虑周到，否则会大大延长会议用时和增加决策成本。

第一页纸背面：会议前准备确认表

在完成了会议的计划后，我们开始进入会前的准备阶段。如图 3-27 所示，培训师将这个阶段的准备分为两个部分，左侧是会议策划清单，通过这个清单检查会议策划是否全部完成，还有哪些需要修正和调整。右侧是会议行政准备清单。会议行政准备清单列出了会议中所要用到的行政物品和资料，在会议开始前按照清单认真检查。如果有未列在表格中的内容，可以用手写的形式填到空白处。

会议议程计划表		
会议主题：		
会议目的：		
计划邀请参会人：		
会议地点：		
会议时间：		
议题	负责人	时间

图 3-26　会议议程计划表

会议前准备确认表				
会议策划清单		√or×	会议行政准备清单	
1	确定会议的背景		笔记本	电子版资料
2	确定会议的目标		投影仪	纸质版资料
3	确定与会者		会议桌	
4	确定决策方法（领导决策法，多数票决策法，一致通过决策法）		椅子	
5	确定会议所需的设备是否齐全		灯光	
6	通知与会者会议的时间和地点		激光笔	
7	制定一个初步的议程表，注明会议的目标		白板笔	
8	把初步议程分发给重要的与会者和其他利益相关者		白板	
9	最终确定会议的议程，并分发给每一个与会者		签字笔	
10	把需要准备的报告或者议题分发给与会者		区域标识	
11	核实哪些关键人物将出席会议		座位牌	
12	会议行政准备是否完成		茶歇	

图 3-27　会议前准备确认表

第二页纸正面：会议记录

第二页纸的正面是会议记录，如图 3-28 所示。上半部分是会议的基本信息录入，包括会议名称、会议时间、会议地点、主持人、记录人、参会人和未出席人。这页纸的下半部分是会议内容。如果会议内容较多，且当前页面空间不够用时，可以增加 A4 白纸补充记录（需在会议前准备好）。建议使用录音笔等电子设备辅助会议记录，其记录的内容在会后作为会议记录的补充材料一并保存。

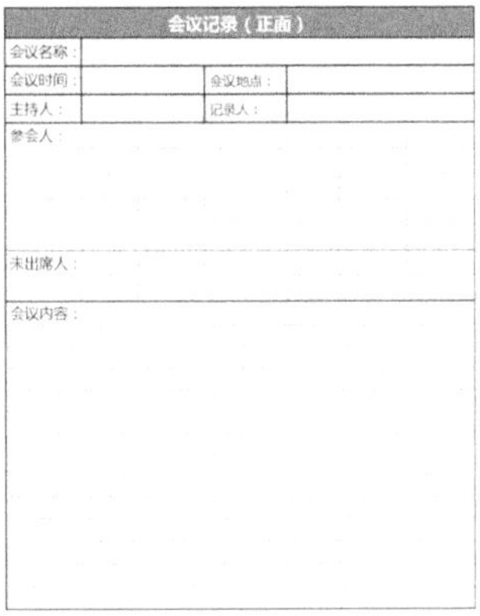
会议记录（正面）

会议名称：			
会议时间：		会议地点：	
主持人：		记录人：	
参会人：			
未出席人：			
会议内容：			

图 3-28　会议记录（正面）

第二页纸背面：会议记录

第二页纸的背面是会议记录中的会议决议和待完成事项，如图 3-29 所示。这页内容是会议讨论结果的体现，务必要记录详细。这页纸的上半部分是在会议讨论中达成共识的内容和对应责任人，下半部分是待完成事项的相关内容，这些内容会成为会后评估成果完成情况的依据。

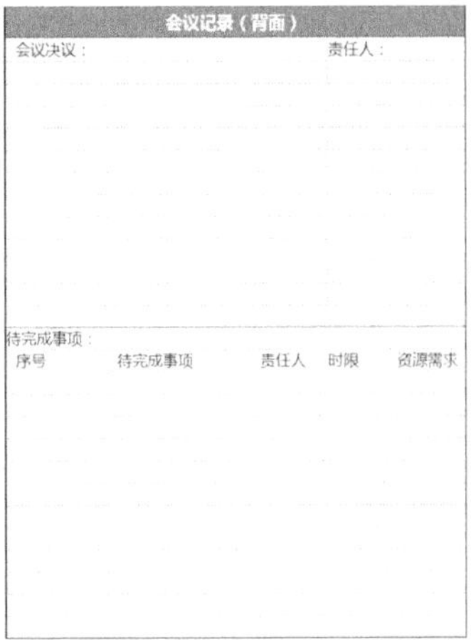
会议记录（背面）

会议决议：　责任人：

待完成事项：

序号	待完成事项	责任人	时限	资源需求

图 3-29　会议记录（背面）

第一页纸解决会前策划和准备，第二页纸解决会议中的管理、记录和会议后的跟踪、检查。这样的课程通过提供系统的流程、工具和清单，解决了会议组织者会前无准备、会中无控制、会后无跟踪的问题。这样的做法大大降低了会议组织的难度，提高了会议组织者的效率。

在课程实施过程中，培训师围绕"两页纸会议管理表"的内容展开讲授，并通过实际的演练让学员学会使用这套工具。在会议的实际操作过程中，如果有不符合实际或者需要改进的地方，学员可以随时修改和升级这套流程清单。培训师定期将修改后的内容更新到课程中，做到课程内容与实际工具表单同步升级。

（二）学习卡片

学习卡片是一种能够随身携带、便于随时提醒和指导学员应用所学内容的一种工具。这种工具由于具有很强的便利性和指导性，受到众多学员的喜爱。

【实例28】"高效执行5+1"课程的配套工具

在"高效执行5+1"课程中，领命确认是高效执行的第一个关键环节。某日，领导安排小王完成一个任务。领导说："小王，你来公司有一年多时间了，对公司也有了基本的了解和认识。你看我们公司发展十年了，在过去的十年里我们主要靠产量取胜，但在未来的十年里，我们应该不断地提高各方面的竞争力。如何提高竞争力呢？我想首先我们不仅要对自身的优劣势有充分的了解，而且要对竞争公司有一个准确的认识。所以，我希望你能够就竞争公司和我们公司的优劣势进行对比分析。通过这次分析，我想你的收获一定会很大，如果做得很好，我会推荐你在年中研讨会上分享给大家。这个课题也是公司上级领导非常重视的课题。"

如果你是小王，你认为领导是否已经把任务布置清楚？你有没有想问领导的问题？

首先小王遗漏了完成这个报告的时间，以及报告是以 PPT 形式还是 Word 形式呈现。其次，由于小王是第一次做这样的工作，所以在接受任务时他可以问领导是否有建议的方法和可支持的资源。

如何才能精准地接受任务呢？针对容易出现的问题，在"高效执行5+1"课程中，培训师总结出了员工在接受任务时必须要搞清的九个问题："5W+2H+2R"。

5W：What，要做什么事情；Who，这件事由谁来执行，参与者有哪些人；When，什么时间开始，什么时间完成；Where，需要在哪里完成；Why，事情的背景和价值是什么，也就是为什么要做这件事。

2H：How much，完成这件事的预算是多少；How，在完成任务的方法上，领导有哪些建议和指导。

2R：Result，任务需要达成的目标是什么；Resource，在完成任务过程中，领导能够有哪些资源支持。

在实际工作中，学员经常因为记录项目过于复杂，而放弃使用"5W+2H+2R"的方法。为了让学员更方便地使用，笔者将这九项内容分别放入九宫格中，并制作成学习卡片，如表3-9所示。员工在每次接受任务时，只需按照九宫格的提示，将内容填写到相应的格子中即可。将"5W+2H+2R"放在九宫格中的做法，就好比帮学员建立一个记忆的"衣橱"。

表3-9　九宫格记录法

Who 谁去做 联系谁	When 何时开始 何时完成	Where 在哪里完成
Why 任务背景和价值	What 要完成的任务 要解决的问题	Result 期望达成的目标

续表

How 建议的方法	Resource 可支持的资源	How much 任务预算

只要完成九宫格的填写，就完整地接受了一项任务。如果对格子中的内容有疑问或不明白，可及时向领导询问并确认，以便获得更准确、完整的信息。

通过对 When 和 Result 的询问，小王得到的答案是在一周内完成，用 PPT 方式呈现。通过对 Resource 的询问，小王得到的答案是"在制作过程中，不懂的地方可以向老张请教，他之前做过类似的报告。如果有需要也可以随时向我请求帮助"。有了这些重要信息，小王在完成任务的时候一定会事半功倍。

（三）流程图

流程图又叫"输入—输出图"，直观地描述了一个工作过程的具体步骤。流程图对准确了解事情是如何进行的，以及决定如何改进过程极有帮助。对于复杂的操作类课程，流程图非常有助于学员理解课程内容和进行课后实践。

【实例 29】"初级电话客服技巧提升"课程的配套工具

在"初级电话客服技巧提升"课程开发中，梳理的课程开发目标是"解决初级电话客服人员在日常电话服务过程中,由于对服务流程不熟悉而造成的单次服务时间长、服务效率低的问题，达到平均通话时长缩短 20% 的目标"。为了实现这个目标，培训师访谈了大量的优秀电话客服人员，并通过听取电话录音的方式,分析了优秀电话客服人员和初级电话客服人员在电话服务过程中的区别，最终形成了一套高效电话服务流程，如图 3-30 所示。

在课程实施时，培训师针对每个环节的重点、难点、话术等进行深入讲解，同时通过案例分析和角色扮演等方式检查学员对流程图的掌握情况。在课后，培训师将流程图打印并张贴在每位学员的办公桌前，供他们在工作中随时查阅。

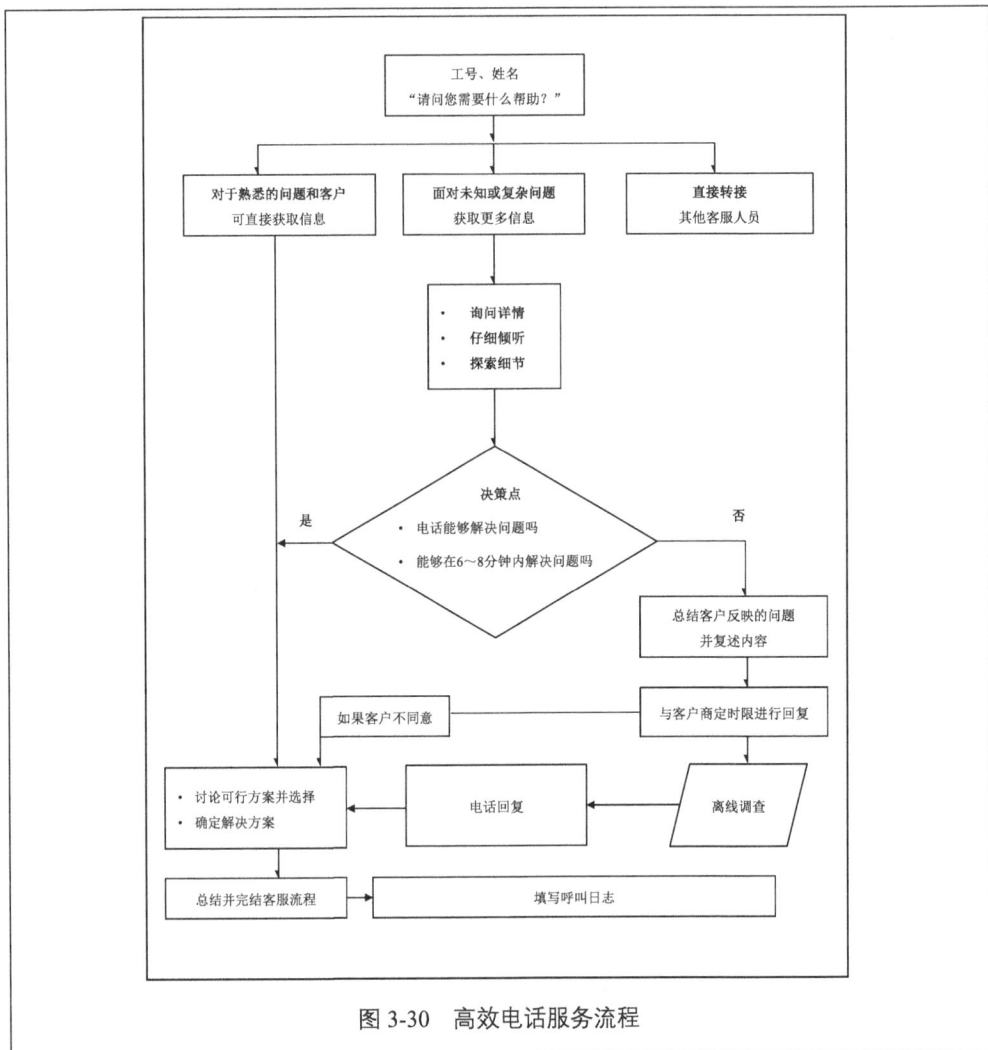

图 3-30　高效电话服务流程

（四）心法口诀

心法口诀是读起来朗朗上口，帮助人们理解和记忆的一段有规律的文字。我们在小学时学过的乘法口诀，即使在计算器盛行的今天，想必你也能轻松背出。在讲授课程时，对于难于理解或者不容易记忆的内容，可以将其凝练成心法口诀，加快学员的理解和记忆。例如，在"职场人成功形象与礼仪训练"课程的开发中，培训师将系领带的方法编成了口诀，详见表 3-10。在授课过程中，培训师首先向学员讲解和演示领带的系法，并运用口诀帮助学员记忆。然后邀请学员上台演练，同时复述口诀。这样的心法口诀使得学员不仅快速掌握领带的系法，而且会记忆得更持久。

表 3-10　系领带的心法口诀

口诀	两端对齐剑指开，窄端在里宽面外； 宽面内侧绕两圈，中间一层拉下来； 右手剑指掌向外，绕个圈儿套上来； 窄端剑指初引出，左一拉、右一拽； 一个领带打出来！

【实例 30】"向谈判要利润"课程的"谈判方法"包装

在"向谈判要利润"课程中，培训师将谈判分为四个阶段，分别是备局：准备与计划、开局：澄清与确认、对局：讨价与还价、胜局：成交与执行，课程结构如图 3-31 所示。

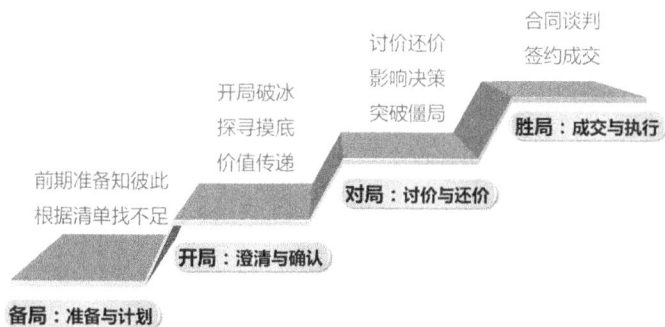

图 3-31　"向谈判要利润"课程的结构

为了方便学员理解和记忆所有谈判要点，培训师将谈判四个阶段的重点方法和技巧编成了心法口诀，如表 3-11 所示。

表 3-11　谈判四个阶段的心法口诀

备局口诀	开局口诀	对局口诀	胜局口诀
收集信息加砝码	开局定调分三步	条件交换两还价	胜局反悔需谨慎
明确目标建团队	破冰需要三要素	压价选用六大法	对方反悔要识破
多种方案防万一	摸底提问有策略	四方城法定决策	三三原则订合同
模拟谈判找不足	价值传递要正确	突破僵局先提问	长期合作维关系

本章回顾

下面是针对本章内容的要点回顾，请选出正确的答案。

（1）课程中的优秀经验有两种主要来源：第一种是组织内部，萃取专家的优秀经验，将专家的经验和智慧转化为组织的经验和智慧进行传承；第二种是组织外部，借力标杆，引入外部经典理论和实践。（正确/错误）

（2）判断优秀业务专家的标准是＿＿＿＿＿＿、具备优秀业绩、具备自我复盘能力。（具备实战经验/具备理论基础）

（3）组织内部的优秀经验主要通过内部资料收集、工作现场观察、＿＿＿＿＿＿三种方式获得。（访谈主管领导/访谈业务专家）

（4）常用课程结构的逻辑有单向流程、循环流程、方法元素、＿＿＿＿、问题痛点、要点关系、态度观点。（场景应用/多元组合）

（5）八种常用的课程包装方法是英文组合、汉字拆分、＿＿＿＿、穿针引线、谐音连接、形象类比、颜色分类、诗词改编。（音节连续/数字连读）

（6）可以运用 Audience（对象）、Behavior（行为）、Condition（条件）、Degree（标准）的 ABCD 法则，设定课堂表现性目标。（正确/错误）

（7）在设定课堂表现性目标时，要做学员特点、学习场景、应用情境三类

分析。(正确/错误)

（8）常用的课后配套应用工具有工具表单、＿＿＿＿＿＿、流程图、心法口诀。（学习卡片/课后测试）

参考答案

（1）正确

（2）具备实战经验

（3）访谈业务专家

（4）场景应用

（5）数字连读

（6）正确

（7）正确

（8）学习卡片

第四章

精选教法做引导

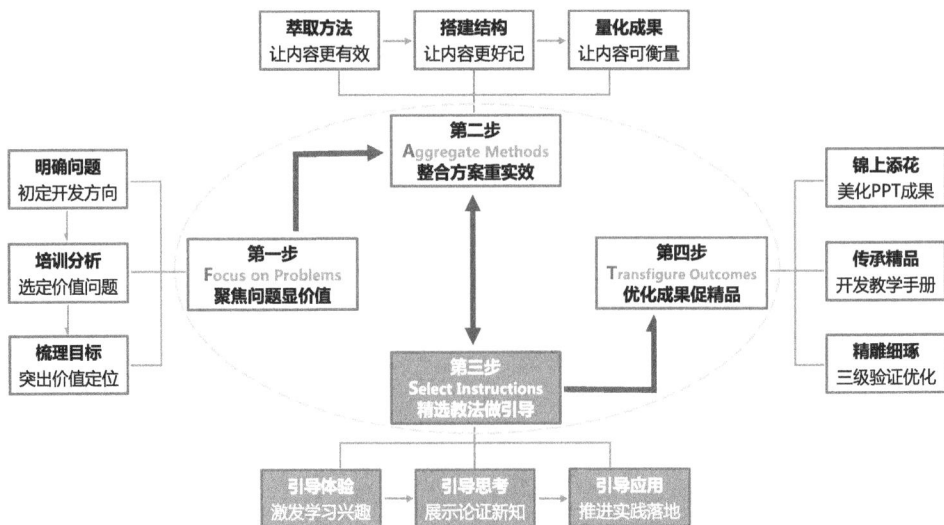

自然学习模式是一种顺应个性学习需求的模式，又被称作 4MAT 方法，是由美国的麦卡锡博士在 1979 年开创的一种教学模式。自然学习模式探讨了学习是如何发生的，建构了一个自然的学习循环圈。如图 4-1 所示，在自然学习模式中，学员从直接体验出发，经历观察反思，形成概念，应用体验和解决问题，将新知识和技能融会贯通并为新一轮的学习循环做好准备。

If：
融会贯通，
促进技能迁移

Why：
直接体验，
构建学习意义

How：
付诸行动，
指导课堂实践

What：
用心反思，
展示形成概念

图 4-1　自然学习模式

Why：**直接体验，建构学习意义**。这个象限的核心是发现意义，目标是将课程内容与个人建立联系。学习不是机械、呆板的事情，它是一种追求意义建构的途径。在这个环节，培训师要尽可能调动学员的求知欲，使他们对后面将要学到的内容有所期盼。培训师要告诉学员为什么学这个内容，激发学员对这个内容的学习兴趣。

What：**用心反思，展示形成概念**。这个象限的核心是形成概念，目标是界定学习内容。学员在这个环节停顿下来审视和聚焦新知识。这些新知识的呈现方式越符合学员的背景知识，并满足不同学员的需求，学员越能更好地吸收新知识。我们需要用不同的方式来阐述新知识，有时还需要借助图示和举例类比等形式，来帮助学员理解所学内容。

How：**付诸行动，指导课堂实践**。这个象限的核心是付诸行动，目标是应用所学内容。要想知道梨子的滋味，就必须亲口尝一尝；要想知道学习的效果，就必须亲自练一练。在这个环节需要注意的是，操练或者实践过程必须循序渐进地进行，也就是说应该引导学员依据一定的步骤操练技能，在技能熟练到一定程度后，学员才能够实现"从扶到放"的飞跃。

If：融会贯通，促进技能迁移。这个象限的核心是融会贯通，目标是灵活转换所学内容。学员努力将新知识迁移到日常生活中，对新知识做出调整并赋予新的含义，达到"融会贯通"的效果。这个环节的目的是帮助学员在未来的生活和工作中灵活运用所学内容，这种帮助因人而异，带有个性的色彩。每个学员都是"独特的美食家"，他们无形中将个人的"品位"带入学习中。

麦卡锡的自然学习模式深入研究和探索了学员的整个学习过程，为课程设计者开发出"以学员为中心"的课程打下了基础。笔者在保留了自然学习模式精髓的基础上，结合多年课程开发实战经验及企业内部培训的特点，将教学过程优化为三个阶段，即引导体验、引导思考和引导应用。引导体验阶段的目标是激发学员学习兴趣和调动学员反思；引导思考阶段的目标是展示论证新知识和促进学员消化和吸收新知识；引导应用阶段的目标是指导课堂练习实践和推进课后应用落地。"三个引导"的教学开发模式，更加符合成年人学习的特点，更加突出培训师"以学员为中心"的引导角色，使开发过程更加方便、快捷，使教学方法的开发速度加快，使教学成果的开发质量得到提高。在本章中，笔者将运用"三个引导"的方式开发出"以学员为中心"的课程，和读者进行深入分享。

第一节　引导体验——激发学习兴趣

当学员来到课堂时，他的头脑里真的是一张白纸吗？儿童不是，成年人更不是！任何学员，当他进入课堂的时候，都带来了原有的知识结构。在教育科学领域发表的几乎 90%的相关成果都表明了这样一个观点，即学习的起点不是课本的第一章，也不是老师讲的第一句话，而是学员头脑中已有的知识。也就是说，学员是依靠已有的知识来理解新的知识，用已有的方法来学习新的方法的。

每个学员都带着自己一定的知识和经验来到培训课堂，我们通过设计恰当的体验活动和相关情境，才能够充分地激活学员头脑里已有的故事、案例、经验、观点等。一旦学员的内心受到不同程度的触动，他们就会不知不觉、心甘情愿地被吸引着参与到课程中来，享受学习的过程。相反，如果没有设计这样的体验，那么很有可能在课程结束的时候，学员还不知道为什么要学习这些知识。他们会觉得："我在这方面做得挺好的；这门课程跟我之前学的另外一门课程很类似，想必不用再听了；这个内容对我来说没有什么意义，随便听听即可……"这样，课程从一开始就没有打开学员吸收的阀门，学员自始至终徘徊在课程之外，即使课程中的一两个故事或笑话让他们记忆犹新，但是对于核心的知识技能，学员是没有完全吃透和掌握的。更重要的是，各个学员的智慧和优秀经验没有在彼此之间交流、传递、碰撞，也没有产生新的火花和见解来促使他们反思和升华。

一、创设情境，连接已有经验

学习的前提是创设与经验相关的情境。"以学员为中心"是业界公认的课程设计原则之一，然而如何真正做到"以学员为中心"和实现良好的课堂体验，并非每个培训师都清楚地知道。要做到"以学员为中心"，关键在于创设学习体验。建构主义学习理论认为，学习是一种真实情境的体验，学习发生的最佳情境不应该是抽象的，相反，只有贴近生活的情境才能使学习变得更为有效。加涅认为，人类学习的复杂程度是不一样的，是由简单到复杂依次推进的，学习任何一种新的知识技能，都是以已经习得的、从属于它们的知识技能为基础的。大量实践表明，要做到"以学员为中心"，需要综合运用情境式学习、体验式学习、发现式学习、问题解决式学习等多种先进教学理念，通过良好学习氛围的营造、舒适环境的布置和互动式活动的设计，让学员在愉悦中学习、掌握和领悟。

创设情境帮助学员铺垫相关旧知识，目标是确保学员在进入新学习状态时没有障碍。所谓铺垫，主要是激活学员记忆中的相关旧知识，然后将其从长时记忆库中提取到工作记忆中。为什么要说"激活"，而不是一般的"回忆"呢？这是因为工作记忆的即时加工能力有限，所以并不是所有的相关旧知识都已经被预先从长时记忆库中提取到工作记忆中静候调用，而是根据需要适时激活、适时调用。

创设情境是根据学员的认知特点和规律，通过创造实际的或重复经历的情境和机会，使学员在亲历的过程中理解并建构知识、发展能力、产生情感、生成意义的教学形式。培训师在创设情境时常用六种方式，分别为案例分析、讲述故事、游戏活动、角色扮演、提问引导和测试分析。

（一）案例分析

案例分析是由培训师提供背景信息（工作/生活中的典型案例），学员通过讨论和分析的方式得出不同解决方案的一种教学方法。案例分析是开启课程、引起学员注意、激发学习动机的首选方法。案例分析适合用于讲述操作技能、人际关系、管理技巧等内容。案例主要有三种形式，分别是文字案例、自拍视频和影视剧片段。

1．案例的三种形式

（1）文字案例。文字案例是案例的一种主要形式。在调研访谈或萃取专家经验时，一般会收集到很多这样的案例。培训师可以根据需要对这些案例进行整理和编辑，也可以根据实际情况专门去收集相关案例。

编写文字案例的四个步骤，如图 4-2 所示。

```
┌──────────────┐    ┌──────────┐    ┌──────────┐    ┌──────────┐
│ 确定主题和内容 │──→ │ 收集素材  │──→ │ 编写案例  │──→ │ 验证案例  │
└──────────────┘    └──────────┘    └──────────┘    └──────────┘
                         ↑_____│
```

图 4-2　编写文字案例的四个步骤

确定主题和内容。根据课程需要确定案例的主题和内容。

收集素材。素材可通过当面访谈、调研问卷、电话和网络等方式收集。将收集到的内容填入 SPORT 案例采集表（见表 4-1）中。

编写案例。在编写案例时，培训师需要注意逻辑性，必要时可对冲突进行夸张处理。

验证案例。在案例编写完成后，通过找人阅读或者自己阅读并录音的方式，感受案例能达到的效果。

表 4-1　SPORT 案例采集表

要　素	描　述
Situation 背景	交代清楚案例中的时间、地点、人物、事件及原因等；与案例发生有特别关联的背景因素要着重说明；在采集案例的时候，要尽量贴合学员的工作环境和生活实际，这样才能在教学过程中让学员更快地对所学内容进行建构
Problem 问题	好的案例一定会把学员带到某种问题或冲突中，没有问题或冲突的平铺直叙不会对学员旧有的信念系统造成冲击；问题包括达成任务时的挑战或难度、面对问题时的心理特征等
Option 细节	案例当事人采取的主要步骤和行动细节，以及选择这样做的原因。例如，第一步的行动细节及原因，第二步的行动细节及原因，第三步的行动细节及原因……

要　素	描　述
Result 结果	在案例的采集过程中，还要记录事件的结果。例如，采取行动后的直接结果是什么，带来的后续影响是什么等
Think 思考	这一步既要收集当事人对案例的反思，也要从教学内容的角度出发，做出专业的分析和解读。在教学实施过程中，培训师能否做到专业而有深度的点评，关键在于此时的准备

在将通过 SPORT 模型收集到的案例应用到课程中时，需要将收集到的案例进行梳理、整合，使其更符合学员的阅读习惯。

【实例 31】"跨部门沟通与协作"课程的"案例分析"设计

小 Z 是一名刚入职一年的员工，目前主要负责营销企划工作。

小 Z 负责的产品促销活动方案在多方的努力下终于定稿了，为了确保活动的效果，市场部决定先在 A 区域进行试点，销售部的阿美和 Jakey 与小 Z 对接，共同完成这项工作。在活动执行前，小 Z 的领导要求她在三天内做一份关于 A 区域促销活动试行分析报告，报告需要以 A 区域的销售数据为基础。因此，要完成这个报告，小 Z 必须和销售部的员工合作。小 Z 首先对销售部的人员进行了分析，Jakey 比较内向、不善言谈，阿美平时性格比较开朗、口才好、善于沟通，只是她有点儿粗心。在综合考虑后，小 Z 认为邀请阿美会更容易一些。阿美很爽快地答应了小 Z 的请求，承诺两天后完成。

两天后小 Z 给阿美打电话，阿美回应说："这两天忙别的工作，把事情忘掉了，我今天晚上加班整理出来。"第三天早上小 Z 收到了阿美的数据报表，打开一看傻眼了，数据非常粗糙，只显示了每个客户的汇总信息，没有单个产品的信息，这样的数据是没法用的。于是小 Z 又打电话给阿美，阿美挺委屈地说："我昨晚加班到凌晨 2 点，需要的数据都加上了，谁知你还不领情。"

由于时间紧迫，小 Z 只好硬着头皮用了一些数据，及时将报告发给了领导。结果第二天小 Z 遭到了领导的严厉批评！小 Z 心里有种种说不出的委屈，她已经努力在做了，可得到的是这样的结果。

以上案例内容包含了 SPORT 模型中的背景（S）、问题（P）、选项（O）和事情的结果（R）。针对案例中出现的状况，培训师提出了两个问题，要求学员以小组的方式呈现讨论结果。

1．你认为小 Z 在处理工作时存在哪些问题？

2．如果你执行该项工作，你会怎么做？

在课堂实施过程中，培训师会在讨论和分享结束后，结合学员的分析结果和之前在案例编写过程中准备的思考（T）要点，对案例分析进行总结和升华。

（2）自拍视频。自拍视频是利用摄录设备，将文字案例中的故事情节拍摄成视频的一种方式。它的生动性比文字案例要强，但难度要大一些。自拍视频在拍摄人物选择、拍摄脚本编写、拍摄实施和后期制作等方面均需要培训师掌握相关技术和方法。

✎ 【实例 32】"恋上标准，玩转物业——标准服务打造品质物业"

课程的"自拍视频"设计

在"恋上标准，玩转物业——标准服务打造品质物业"的课程中，为了引发学员对不规范服务行为的思考，培训师拍摄了一系列视频作为课程中的创设情境。其中一段视频的内容如下。

背景： 物业公司办公室，两名物业服务人员坐在办公桌前。

情景一： 一名男子走进物业办公室，向一位物业服务人员询问："2 区 17 号楼 501 室的物业费是多少？"物业服务人员回复说："负责你们楼的房管员没在，您稍等吧。"

情景二：等了一会儿，负责该男子居住房屋的房管员回来了，她身穿便装、脑门冒汗，可以看出是刚从外面办事回来。在没有向客户问好的情况下，房管员问男子："你有什么事啊？"

情景三：男子回答："我是业主，我想咨询一下物业费的事情。"然后再次报出自己的楼号和房间号。房管员随口即说："5.81元"。男子接着问："你们这里张贴了收费标准的公示吗？"房管员没抬头就回答："不用公示，自己心里知道就行了。"然后开始整理办公桌上的物品。

在课堂上，培训师组织学员分析并讨论案例中不符合物业服务标准的细节及改正措施，并要求学员将讨论结果用海报的形式进行展示。为了更好地展示物业服务规范，培训师还拍摄了一段正确的示范性视频，主要突出了三个服务标准：一、应该在办公场所哪些明显位置公示收费标准；二、物业公司关于在工作时间着装和仪容仪表的规定；三、在接待业主时，什么是首问负责制。

文字案例和自拍视频两种形式的案例需要符合四个标准：真实性、代表性、完整性和冲突性。

真实性。案例可以有一些夸张或者升华，但要符合真实的工作和生活环境。只有真实的案例才有力量，才可以让学员对所学内容进行深入迁移。

代表性。案例中发生的情景和问题是多数学员都经历过的事或他们身边的事。案例有代表性，才能使学员在案例中找到自己的影子，才能更好地运用已有经验进行答案的探寻。

完整性。案例的背景信息、任务、过程和结果要完整。完整的案例更容易让学员客观、系统、全面地进行分析。

冲突性。这一点是案例设计的关键，也是后续学员讨论的核心。案例具有冲突性能促使学员站在不同角度分析思考，既能激发学员的学习兴趣，又能帮助学员结合实际进行反思。

（3）**影视剧片段。**影视剧片段通过截取影视剧中与课程内容相关的桥段，以视频方式呈现案例，是案例分析素材的主要来源。一般截取的影视剧片段的时长为 3～10 分钟。在选择视频时，要求选择的视频内容要与课程内容和教学目标相符，并优先选择清晰度较高的素材。

✎ **【实例 33】"新员工职业生涯规划"课程的"影视剧片段"设计**

在"新员工职业生涯规划"课程中，培训师选用了心理学中"棉花糖实验"的一个片段，作为让学员体验和反思应该如何面对职场蘑菇期的案例。在视频中，实验者将孩子们单独留在一个房间，每个孩子面前摆着一个盘子，盘子里有一块棉花糖。然后实验者告诉孩子："我有事要离开一会儿，待会儿我回来的时候，如果棉花糖还在，就会再给一块棉花糖作为奖励。但是，如果你们实在想吃，也可以选择按铃，然后直接吃掉棉花糖。"这个实验最后的结果是，有一部分孩子没有按铃，而是直接吃掉棉花糖，还有一部分孩子犹豫了一会儿，最终还是决定按铃吃棉花糖，大约只有三分之一的孩子抵抗住了诱惑，等到实验者回来，所以得到了两块棉花糖。

在观看视频后，培训师组织学员讨论第一个问题。

1.你或你家小孩在面对这种诱惑时会是什么反应？

在讨论完第一个问题后，培训师将实验的结果分享给学员：大约在 20 年后，实验者对当年参加实验的孩子进行了后续的跟踪调查，发现当年那些抵抗住诱惑的孩子都拥有了更高的教育成就和更健康的身体。

在分享结果后，培训师组织学员讨论第二个问题。

2.实验结果对你的工作有哪些启发？

影视剧片段和自拍视频均属于视频案例。这两种视频案例的优势在于它们的叙事特性，在教育理论中，叙事教育学是指不讲道理只讲故事的一种教育方式。由于视频具有叙事特性，在讨论视频情节时，学员会不自觉地说出心里话和放松地交流心得，一些平时不爱说话的学员也被激活了。美国密歇根大学的研究小组发现，看电影可以改变人体的激素水平，而"激素"是影响每个人情绪和行动力的元素，可以改变观看者的态度。

在案例分析时，采用文字案例还是视频案例，需要培训师根据设计课程时的人力、能力、财力和物力等条件做出恰当的判断。

2．案例分析流程

案例分析流程分为四步，如图4-3所示。

图4-3　案例分析流程

第一步，熟悉案例。通过阅读文字、朗读案例或观看视频等方式，让学员了解案例背景和案例中的问题。

第二步，分析讨论。学员通过独立思考、小组讨论、邻座探讨等方式对培训师提出的问题进行讨论和分析。

第三步，分享结果。邀请学员以小组或个人为单位上台分享，让他们在分享过程中产生更多的思想碰撞。

第四步，总结升华。培训师首先归纳、总结学员的发言，然后进行深入分析和专业解读，最后引出将要讲授的观点、结论或课程内容。

在案例分析过程中，学员的思维经历了从发散到收敛的过程。培训师在这个过程中的价值体现在以下两个方面：在发散环节，培训师引导学员结合自身经验和工作实际对案例进行分析和思考；在收敛环节，培训师引导学员总结和分享讨论结果，然后引出后续的课程内容。

3. 案例分析常见的五类问题

讲解而非引导。案例分析的关键点在于激发学员的兴趣，呈现案例的关键是突出冲突和调动反思，而非给出参考答案。

案例与实际脱节。案例内容与学员的实际工作和生活脱节，难于激活学员的已有经验。这就像让一个从来没坐过飞机的人想象坐飞机的感觉一样。

讨论问题设计不当。常见的错误有两种：第一，问题设置假、大、空，如"你在看了这个案例后有什么感想"；第二，只问封闭式问题，如"你认为某个观点对不对、好不好"。能提出一个好问题，就等于找到了一半的答案，如"是谁影响了执行结果"和"用什么方法会改善执行结果"这两个问题所得到的答案分别是人和方法两个方向。

案例没有探讨价值。案例要能清晰地带出观点和核心知识点。例如，在礼仪课程中，案例的典型情景是销售人员穿西装、打领带、穿运动鞋去拜访客户。在讨论环节，让学员讨论这位销售人员有什么穿着不到位的地方。类似这种案例，就不具有学习和探讨的价值。

没有设计案例点评。点评内容包括对学员现场发言的点评及对案例本身的点评。对案例本身的点评，可在设置案例时提前准备。对学员现场发言的点评，需要培训师日常积累和临场发挥。

（二）讲述故事

故事作为创设情境的一种方式，它的呈现以讲述为主。在讲述故事时，重点在于让学员产生意料之外、情理之中的感觉，在好奇中产生兴趣。在故事的设计或选择上，要偏重于细节的情感化和生动化，这样便于培训师在授课时进行精彩的演绎。案例从内容上看和故事很相似，但它的重点不是讲述，而是利用案例中发生的问题和冲突，来激发学员的兴趣，引导学员进行分析和讨论。

1. 讲述故事的优势

很久以前，有一位僧人在乡村里过着平静的修行生活。

有一天，这位僧人在出门的时候，忽然发现门口躺着一只冻僵的小老鼠，于是就把它抱进屋子里，用双手温暖它。小老鼠渐渐地苏醒过来，恢复了健康，从此和僧人生活在一起。它白天到外面晒太阳、玩耍，晚上回到屋子里躺在温暖的羊毛毯子上听这位慈祥的僧人讲故事，生活得还算愉快。

僧人的家里有一只猫，虽然猫没有伤害小老鼠，但是小老鼠每次见到猫时都感到非常害怕。于是，有一天，小老鼠对僧人说："慈悲的修行者，我和你生活在一起感到非常快乐，但是有一件事情我想请求你的帮助。"僧人微笑着说："那是什么事情呢？"小老鼠回答说："当我每次看到您家里的猫时，都感到莫名的恐惧。我想请求您能不能把我变成一只猫呢？"僧人答应了它的要求，把它变成了一只猫。

小老鼠在变成猫以后，以为万事大吉了，可是刚一出门，就碰到了一条很凶猛的狗。小老鼠被吓得连滚带爬地回到了屋子里，然后对僧人说："麻烦您能不能把我变成一条狗？"僧人答应了它的要求。

这下，变成了狗的小老鼠大摇大摆地走出了家门。突然，有一只老虎经过它的身边，它被吓得拼命地跑回屋里。小老鼠很沮丧地对僧人说："请您再把我变成老虎吧。"僧人又答应了它的要求，把它变成了老虎。可当变成老虎的小老鼠见到猫时，尖叫了一声，惊恐万状地回到僧人的身边。

小老鼠百思不得其解，困惑地对僧人说："慈悲的僧人啊，为什么我在变成老虎以后，还是害怕猫呢？"僧人哈哈大笑了起来，然后对它说："重要的不在于你有什么样的身体和外观，而在于你的内心。你的内心还是小老鼠的内心，怎么会不害怕猫呢？"

把这个故事放在"阳光心态"课程中并作为开场的情境引入，会是一个非常好的设计。

在创设情境时，讲述一个好的故事很容易将学员带入你预设的情境中。帕特森和他的同事在《影响者》一书中强调了故事的力量："一个生动的故事会向所有听众提供鲜明、具体的细节，而不是摘要性和模糊性的总结。它以合情合理、令人感动和让人难忘的因果关系，改变了人们对世界的看法。"

2. 好故事要具备的三要素

（1）**意外：引起学员的注意**。引起学员的注意最常用的方法是打破常规、突破惯性思维。坐过飞机的朋友都知道，在飞机起飞前，空姐都会给旅客讲解并演示安全须知，这个过程枯燥乏味，大多数乘务员和旅客都各行其是，很少有人去听那些在危难时刻能救人一命的重要须知。不过，在乘坐飞机时如果看到以下这样的情景，你可能会喜欢上这个安全须知。

为了吸引旅客的注意力，让旅客认真听安全须知，某航空公司实验性地推出一种新服务，空姐一边跳热舞，一边进行安全示范。随着音乐声响起，空姐跳着热舞来到旅客面前，这个时候耳边响起千篇一律的安全须知，旅客的注意力被牢牢抓住。配合音乐节奏，空姐一边跳舞一边举起安全带、救生衣依次示范。演示过程持续约两分钟，在每次示范结束后，客舱都是掌声四起。

空姐在演示安全须知时，打破常规的形式，让所有旅客眼前一亮，这就是典型的意外。

（2）**具体：在学员大脑中形成清晰的图像**。好故事的第二个要素是具体。没有情节的故事很难在学员的大脑中形成画面，也很难让学员产生身临其境的感觉。

某学者在接受采访时讲过一个故事，故事讲的是学者自己独闯沙漠时发生的一次境遇。在采访中，她是这样描绘沙漠的景色的。

> 我走进去的时候确实很激动，下午四点多钟沙漠里面大概有三十八九度的高温，烈日炎炎，我记得将湿的毛巾往胳膊上一搭，水蒸气就冒起来了。我觉得我自己就像烤焦的鸭子一样，天气那么热。看着西北的天空，深深浅浅的，有很多很多种蓝色，浅蓝、水蓝、湛蓝、海蓝、深蓝，它们交错在一起，不到西北你不知道天空可以有多少种蓝！阳光是金灿灿的，而且你能准确地感受它的质地，好像一大把一大把的"金属末儿"唰啦唰啦地砸到沙漠里落地成金。而你就穿行在蓝天和沙漠中，那种明艳的蓝和那种耀眼的黄交错在一起，分化出来的沙丘的痕迹都是一尘不染、干干净净的！只有几个棱子！我当时觉得这个沙丘如此古老，而我自己如此年轻，自己就好像去赴一个千年之约。

在采访现场，这位学者把沙漠里的景色描述得美轮美奂，让观众不自觉地有一种身临其境的感觉。培训师在选择故事的时候，需要注意故事中有没有这些细节场景，有细节的内容才更容易打动人。

（3）情感：让故事联系学员的感性认知。任何有情感的故事都会对学员产生绝对的杀伤力，也会对学员的记忆力产生冲击。

> "棒棒"，是重庆挑夫的一种俗称。因为重庆是世界闻名的山城，城市里面有很多坡和坎，部分地方是交通工具无法到达的，即便交通工具可以到达，也要绕行，所以，就诞生了一群人力挑夫。他们大多来自周边农村，一般手持一根木棒和绳子在大街小巷里面揽活儿，这是"棒棒"在重庆的来历。

> 郑定祥，58岁，重庆万州人，一根棒棒，就是他赖以为生的全部资产，他读书不到三年，以挑担为生三十年。在一次帮货主挑担的途中，他

与货主走失了，为了归还失主七十余件羽绒服，他奔波寻找整整五天。他全心全意守护着这两担货物，顶着重感冒，发着高烧。

10元工钱，一份托付。年近花甲的郑定祥在风雪中痴等货主五天，没有半分收入。妻子卧病在床，他焦虑万分却无法前去照顾；工友试图分货，他义正词严地断然喝止；拖着病体，顶着严寒，不顾众人劝慰，他每天挑着包裹在茫茫人海中寻找失散的货主，他佝偻的背脊上挑着的不是两袋羽绒服，而是一句承诺，一种托付。直到五天后，痴痴守候终于等来了货主，郑定祥才如释重负、展露欢颜，奔赴医院照顾病重的妻子。

这个故事来自几年前一部名为《郑棒棒的故事》的视频短片。这本来只是一个平凡故事，但在网络上引起了巨大的反响。三分钟的短片在网上开播后短短几天，点击量已超上百万次。在微博、各大论坛上，网友纷纷转载，争相留言。不少观看过该短片的网友表示，郑定祥的行为深深地触动了他们，让他们感受到坚持和信任的意义。这就是好故事的魅力，好的故事里面要有情感的传递。

3. 讲述故事必须要遵守的原则

培训师在讲述故事时，有时会不小心讲到假故事。一旦被学员揭穿，将会对整个课程带来非常重大的影响。所以，培训师在讲述故事时，必须遵守的原则就是"杜绝讲假故事"。

"鹰的重生"是很多培训师在课堂上讲过的故事，那只鹰很坚强，很励志，也很值得我们学习。还有人将这个故事制作成了视频，放到网上供大家学习。但是你知道吗？这是一个假故事，是成功学老师编造的一个故事。先来回顾一下你听过的版本。

据说在鸟类世界中，鹰的寿命最长，可以活到70岁。然而，并不是任何一只鹰都能活这么长时间。原来，鹰要想活到70岁，必须在它40岁时完成一次蜕变。因为当鹰活到40岁的时候，一切功能都已退化，迟钝的爪子已经抓不住猎物，过长的喙也啄不住食物，笨拙的翅膀更难以载动自己沉重的身体。在这个时刻，鹰的选择只有两种：要么等死，要么重生。如果选择重生，它要飞到人迹罕至的山顶，用喙猛力击打岩石，直到脱落；等到新的喙长出来，再用它把爪子上的指甲一根根拔出来；等新的指甲长出来后，再把身体上的羽毛一根根拔掉。这个残忍的重生过程历时150天，只要熬过150天，获得新生的鹰又可以再活30年，重新称霸蓝天。

但是，事实是这样的（以下事实来自知乎网）：

> 鹰科里有60多个种类，平均寿命只有30年，只有美洲鹫或神鹰科鸟类可以活到六七十岁。但不管怎么样，更换喙、指甲和羽毛都是完全不可能的。喙是头骨的一部分，如果敲掉，就相当于砸掉人类的上下颌，连骨头带肉，血光四飞……何况在这五个月中，爪子、嘴和羽毛都不能用，如何进食？早就饿死啦！

在课堂上，类似"鹰的重生"这样的假故事还有很多。作为培训师，可以针对要讲述的故事，利用互联网或查阅经典书籍等方式进行判断和筛选。

4．故事的来源

自己或朋友经历的故事。讲自己亲身经历的故事，最容易讲出感情，讲出细节，也最有说服力。平时养成记日记的习惯，对收集故事和灵感是一个好的方法。推荐使用"印象笔记"或"有道云笔记"，随时记录身边点滴。

书籍中的经典故事。经典故事总是能引起人们的共鸣，《三国演义》中的刘备、曹操、诸葛亮，《西游记》中的唐僧、孙悟空、猪八戒，《你发现黑猩猩了吗》中被忽视的黑猩猩等，这些经典的形象在课堂上能够快速连接学员的已知信息，激发他们的学习兴趣。

网络和杂志上公开的故事。你可以从多种公开的渠道获取故事，然后用好故事的三个要素来判断故事是否可以使用。为了证明故事的可信度与说服力，建议在讲授故事的时候说明其来源。

改编而得的故事。有些故事和我们想要表达的主题观点并不完全切合，所以需要培训师在引用时进行改编。

（三）游戏活动

游戏活动是培训师按照一定规则来开展游戏或活动，让学员在参与过程中通过模拟解决实际问题，并引发学员思考的一种教学方法。游戏活动营造了一种愉悦的气氛，能够帮助学员释放出自身所有潜力，对产生积极的学习效果有很大的贡献。

◆ **设计游戏活动的七个要素**

- **游戏目标。**游戏达到的目的。
- **游戏道具。**游戏过程中需要的素材。
- **适合人数。**对学员人数的要求或限制。
- **所需时间。**完成游戏需要的时间。
- **游戏规则。**游戏的实施细则，需要在游戏开始前向学员展示，也可根据实际情况将其印刷成纸质材料供学员在学习中阅读。游戏规则尽量详细，内容描述要求清晰、易懂。
- **操作要点。**在游戏中培训师需要重点观察的内容，或当学员遇到困难时，培训师能够给予哪些指导。
- **游戏总结。**针对游戏结束后出现的不同结果设计相对应的问题，引发学员对游戏过程和结果的反思。培训师对学员的发言进行归纳、总结，并提出自己的观点，这是整个游戏过程中的点睛之笔。

✎ **【实例34】"打造高绩效团队"课程的"游戏活动"设计**

游戏目标

七巧板游戏（见图4-4）是一种团队沟通类游戏，它能增强学员进行团队内部沟通和经验分享的意识。它将一个团队分成七个工作组，这七个工作组模拟企业中不同的部门或者各个分支机构，通过合作完成一系列复杂的任务，涉及体验沟通、团队合作、信息共享、资源配置、创新观念、高效思维、领导风格、科学决策等管理主题。

图4-4　七巧板游戏

游戏道具

七巧板、计分板和计时器

适合人数

最佳人数为28～42人

所需时间

60分钟

游戏规则

● 所有学员分成7个小组（每组4～6人），并按照图4-5所示的位置摆好座位。

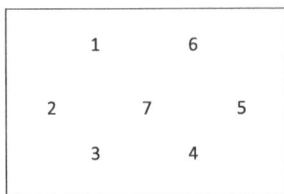

图4-5　座位示意图

- 每个小组会得到五块七巧板、一张图样、一份任务书。

- 根据任务书完成图样会得到积分。

- 在 40 分钟内，团队总积分超过 1 000 分则获胜。

- 七巧板和图样只能在相邻的两组间传递。

- 任意不相邻的两个组如果想传递七巧板或图样，必须经过第 7 组。
  （例如，如果第 3 组和第 6 组想传递七巧板或者图样，必须通过第
  7 组传递。）

- 各组自己的任务书不可以传递。

操作要点

在游戏的过程中，培训师要重点观察以下几点。

- 第 7 组的学员是否有人站出来带领大家解析任务，并完成任务。

- 在整个游戏的过程中，谁先拼好了图形，并且在这个过程中主动分
  享给其他小组成员。

- 在整个游戏的过程中，有无学员违规、跨组沟通或出现抢占资源的
  情况。

- 在整个游戏的过程中，有无学员一直比较低调，几乎不为团队做出
  贡献。

游戏总结

情形 1：如果游戏结果为成功，每组选一名学员进行提问

- 你认为你们能够成功的关键是什么？

- 在游戏结束之后，游戏对你有什么启发？

- 你认为哪些因素决定了这个游戏的成败？

情形 2：如果游戏结果为失败

- 询问第 7 组学员："你认为你们失败的主要原因是什么？如果要改
  进，应该注意哪些方面？"

> - 询问其他组学员："游戏对你有怎样的启发？"
>
> 总结要点：各组之间分享资源和信息是成功的关键。小组之间或人与人之间的相互沟通是实现团队目标的唯一途径。每组成员都只低头拼自己的七巧板是完不成任务的。只有沟通才能实现团队目标，才能把问题解决。

⚠️ 注意事项：设计游戏活动

- 与课程内容密切相关。最好的游戏活动是那些能够提供知识、改善学员态度的活动，是那些能够激发学员学习兴趣和分析反思的活动。
- 游戏规则的描述要清晰、易懂、易开展。游戏规则包括游戏如何操作、操作时长、有谁参与、奖惩的标准、是否需要使用道具等。游戏过程中可能存在不可控的因素，应提前设想好这些因素会有哪些，应该如何预防和解决。例如，将"传递数字游戏"运用在沟通的课程中，培训师需要考虑三种情况：所有的组传递的数字都正确，有的组传递的数字正确而有的组不正确，所有的组传递的数字都不正确。在发生以上三种情形后，培训师应如何解决？
- 尽量有趣和有吸引力。不要让人感觉这是一个无意义或肤浅的游戏，要符合成年人的认知标准。
- 富有合作和挑战。游戏活动要富有挑战性，尽可能安排学员形成合作关系。

（四）角色扮演

培训师安排学员扮演符合实际工作环境的角色，学员在角色扮演中通过体会和观察来激发自己的学习兴趣。在角色扮演结束后，学员通过分析讨论的形式，针对角色扮演中出现的问题寻找解决方案。这样的设计既能够让培训内容贴近学员的工作实际，也能够在学员之间树立学习的榜样。角色扮演适合用于训练技能和基本动作的课程，如销售、服务、商务礼仪、生产线上的操作、消防演练等方面的课程。

1．设计角色扮演的三点要求

背景和角色的设计要有真实感。角色扮演应具有真实感，取材最好来自真实的生活或工作，要符合逻辑、具有冲突，明确有哪些角色参与并理解这些角色的背景等。

部分角色需事先准备脚本。角色扮演具有临场感，需要有一段时间让学员融入情境。在设计时最好能事先给角色准备脚本，这样学员在演绎时才会更具成效。如果任由学员现场发挥，演绎也许会偏离设计，带不出观点，那么角色扮演就失败了。

设计好需要观察的内容。在角色扮演开始之前，指出观看的重点，或者发放观察表，必要时可设置专门的观察员。

2．设计角色扮演的五个要素

任务背景。事情发生的时间、地点、人物和冲突等信息。背景描述要清晰、无争议，保证扮演者正确理解。

任务目标。期望扮演者完成的任务或目标，可以针对不同的角色设置不同的目标。

任务规则。在角色扮演中要遵守的规则和角色的分配等。

操作要点。使用角色扮演方式时的关键要点和注意事项。

点评要点。在角色扮演中，培训师记录和点评的方向。

【实例35】"危机管理"课程的"角色扮演"设计

在营业厅"危机管理"课程中，学员通过对情绪激动的客户进行角色扮演，激活了自己关于处理危机的已有经验，也激发了自己深入学习处理危机的兴趣。

任务背景

夏天，室外的温度为 35℃。一位客户走进营业厅，情绪很激动地大声嚷嚷，称 4G 无线上网信号越来越差。在打客服电话时，客服人员说会有人进行检测，但好几天过去了也无人与他联系。再次拨打客服电话，客服人员让他亲自到营业厅处理。

任务目标

- 平复客户情绪；
- 减少对其他客户的影响；
- 挽留客户，使其继续使用 4G 无线上网。

任务规则

- 情景模拟时间为 5~7 分钟；
- 从每个小组中选出两人，一人扮演值班经理，另一人扮演客户；
- 其他小组成员作为观察员，根据观察表进行打分。

操作要点

- 在不影响扮演的情况下，提醒时间进度；
- 用关键词的方式记录角色扮演过程中的优缺点；
- 如果条件允许，在角色扮演过程中可以用录像设备辅助记录。

点评要点

- 扮演者是否有效控制了客户的情绪？给出的解决方案是否打动客户？
- 观察并记录扮演者在语言、肢体和表情三方面的表现。
- 观察并记录扮演者在探寻原委、复述事实、说明情况、达成共识和提出建议等方面的具体表现。

（五）提问引导

一个好的老师应该是一个提问的高手。一个好的问题，不仅可以激活学员原有的经验，还可以激发学员对课程内容的思考。

古人云，"学起于思，思源于疑"，"小疑则小进，大疑则大进"。孔子的教育强调"问"，他认为"学问"就是"学"与"问"。他强调学员不要只是接受老师传授的知识，要善于自己去寻找、去求索。反过来，老师也不要只是告诉，而是要提出问题，要学员自己去寻找、去求索。孔子不仅强调"问"，还强调"思"。他的主张是"博学而笃志，切问而近思"（《论语·子张》），在接收和吸收他人知识的基础上，要恳切地提问，并联系实际进行思考。

苏格拉底著名的"苏格拉底方法"把教师比喻为"知识的产婆"。苏格拉底在教授学员时，不是直接向学员讲解各种道理或传授具体知识，而是通过提出问题，让学员来回答。即使学员回答错了，苏格拉底也不直接纠正学员的错误，而是根据不正确的回答进一步提出质疑性的补充问题，最终使学员认识到答案的错误之处。然后，苏格拉底再以种种事例启发学员，引导他们一步步接近正确的结论，从而使他们建构起自己的知识体系。他说："我不把知识授予别人，而是使学员自己成为知识的产婆。"

在创设情境这个环节，开放式问题会比封闭式问题的使用频率高。常用的三种提问引导的方式为直接提问、创设情境式提问和递进式提问。

1．直接提问

所谓直接提问，就是直截了当地提出问题。这种提问有助于集中学员的注意力，引导他们调取大脑中与问题相关的知识和经验，积极地分析问题、解决问题。在直接提问中，一般会问到的问题为5W2H。例如，在"非HR招聘面试技巧"课程中，设置的问题如表4-2所示。

表4-2　在"非HR招聘面试技巧"课程中设置的问题

问题类型	举例
What	你在招聘面试中经常遇到什么问题
When	在面试的哪个环节中你感到最困难
Where	针对不同的面试者，你会选择哪些面试地点
Who	在面试什么人群的时候，你感到最困难
Why	为什么在面试高级别应聘者时你会感到困难
How	在面试高级别应聘者时，你经常采用的方法有哪些
How many	在面试高级别应聘者时，你一般会面试几次

2．创设情境式提问

创设情境式提问，是将提问置入情境中，让学员基于情境中的问题进行思考。这样的问法更容易激发学员的好奇心，为课堂上的主动学习埋下伏笔。

【实例36】"如何提升服务质量"课程中的"创设情境式提问"设计

在为某航空公司开发关于"如何提升服务质量"的课程时，为了让学员能够站在不同角度看待服务，培训师采用了创设情境式提问的方式。

第一步：安排学员两两之间分享自己在外用餐时最好的体验和最差的体验。

第二步：将所有学员分成两组，分别让每组讨论以下问题。

● A组：假如你要开一家餐厅，你会做好哪些服务？

● B组：假如你要选择一家餐厅用餐，从服务角度考虑你会选择哪一家？

第三步：在讨论结束后，要求学员整理讨论出的答案，并以组为单位呈现讨论结果。

在这个案例中，培训师首先选择了大家都很熟悉的餐饮行业作为问题的背景，这为学员连接已有经验提供了帮助。其次让两组学员分别站在两个角度对同一问题进行思考，挖掘出客户真正需要的服务，从而引出如何提升服务质量的相关内容。

3．递进式提问

递进式提问是通过一连串的问题，环环相扣，步步推进，由此及彼，由表及里，拓宽思路，抓住本质的一种提问方式。问题一层层地深入，不但能挖掘知识信息间的落差，而且能展示学员思维推进的全过程，给他们提供一顿思维的大餐，让师生之间产生共鸣。

【实例37】"职场人成功形象与礼仪训练"课程中的"递进式提问"设计

在"职场人成功形象与礼仪训练"课程中，培训师首先运用三个握手时的常见问题来吸引学员注意。

在握手时，以下伸手的顺序哪个是正确的?

1.上级在与下级握手时，下级先伸手。（　　）

2.长辈在与晚辈握手时，长辈先伸手。（　　）

3.男士在和女士握手时，女士先伸手。（　　）

答案：第1题错误，第2题和第3题正确。培训师揭示握手礼仪的原则是"尊者决定，尊者先行"。此时，培训师追问了一个问题："一个女下属遇到男士上司，这个时候谁先伸手?"听到这个问题，学员的答案出现了很大的分歧，有的学员认为男士先伸手，因为他是上级领导，有的学员偏向女士先伸手，因为女士应该受到更多的尊重，到底应该谁先伸手呢?你是不是也有自己的答案。接下来培训师揭示了正确答案：根据场合来决定谁是尊者，在商务场合中上级是尊者，在生活场合中女士是尊者。这个案例是运用递进式提问来激发学员兴趣的典型案例。

提问引导的三种方式可以作为创设情境的方式单独使用，也可以与其他创设情境的方式一同使用。

【实例38】"管理者角色认知"课程中的"递进式提问"设计

在"管理者角色认知"课程中，为了激发学员对自身管理角色的思考，培训师引用了英国社会心理学家理查德·怀斯曼针对其著作《你发现黑猩猩了吗》的部分内容制作的一段视频短片。

视频的基本内容是：六个篮球队员，其中三个穿白色 T 恤，另外三个穿着黑色 T 恤。穿白色 T 恤和穿黑色 T 恤的队员手中各有一个篮球。在短片开始后，篮球会在穿着相同颜色的 T 恤的队员之间传递。在此过程中，一个扮成黑猩猩样子的人慢慢走上场，在球员中间穿过，并在镜头中有拍打自己胸口的行为。

在视频播放前，培训师向学员说道："在看完这段视频后，请说出穿白色 T 恤的人把篮球传出去多少次。"在视频播放后，培训师提问传球次数。学员会说出自己统计的结果。等学员回答完毕后，培训师接着问："你在视频中发现黑猩猩了吗？"这时会有超过30%的学员回答没有发现黑猩猩，甚至有些学员根本不相信有黑猩猩出现。

此时培训师再次播放视频，学员在没有任务的情况下，会清楚地看到这只黑猩猩出现的整个过程。培训师继续提问："你认为是什么原因让你没有发现黑猩猩？"在学员回答完毕后，培训师接着提问："在你的工作中，有哪些类似的情况？"

在这个案例中，培训师设置了四级问题来引导学员思考。这四级问题的设计就是按照递进式提问的方式，一步一步将学员引到课程内容中来的。

第一级问题：在看完这段视频后，请说出穿白色 T 恤的人把篮球传出去多少次？

第二级问题：你在视频中发现黑猩猩了吗？

第三级问题：你认为是什么原因让你没有发现黑猩猩？

第四级问题：在你的工作中，有哪些类似情况？

（六）测试分析

测试分析的主要形式有填写问卷和工具测评,这两种形式实际上是一种书面的提问引导。填写问卷是通过一系列的问题测试与学习内容相关的知识或技能。工具测评是以现代心理学和行为科学为基础,运用心理测验等科学方法对人的价值观、性格特征和发展潜力等进行客观的测试和评价。

【实例 39】"三思而后行——360° 职场沟通"课程中的"测试分析"

设计

在"三思而后行——360° 职场沟通"课程中, 培训师首先通过生活中的故事让学员发现, 不同性格类型的人在处理同一件事的时候, 采取的方式和方法是不同的。例如, 当一个人要求她的伴侣陪她去看电影时, 不同的人会有不同的行为表现。

- 有的人总是把自己的愿望变成问句表达出来, 因为她害怕强迫别人。一旦别人拒绝, 她就不会坚持, 只能默默流泪。

- 有些人会直截了当地提出自己的要求,而且不会留下丝毫让你提出异议的机会。无论她有没有说出"必须"这两个字, 你都知道这是永远的潜台词。

- 有的人在提出要求时会充分阐明这个要求的合理性,并且喜欢用数据、对比及专业权威来打动你,有理有据地说服本身就能让她很有成就感。

- 有的人擅长描绘, 她那生动的描绘会让你产生身临其境的感觉,从而为接下来的选择心动不已。如果遭到拒绝, 她会用撒娇的方式来表达自己的坚持, 让你心软。

通过案例, 学员了解到这四种情况分别体现出 DISC 的四种沟通风格。如

图 4-6 所示，为了进一步激发学员的兴趣、引发学员的反思，培训师用一份 DISC 问卷来测评学员会表现出什么样的沟通风格。

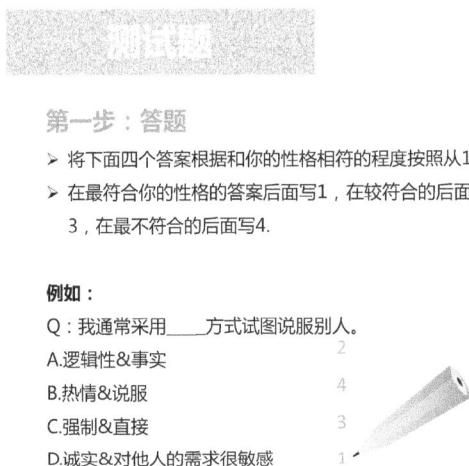

测试题

第一步：答题

➤ 将下面四个答案根据和你的性格相符的程度按照从1~4的顺序依次排列；
➤ 在最符合你的性格的答案后面写1，在较符合的后面写2，在不太符合的后面写3，在最不符合的后面写4.

例如：

Q：我通常采用＿＿＿方式试图说服别人。

A.逻辑性&事实　　　　　　　　2

B.热情&说服　　　　　　　　　4

C.强制&直接　　　　　　　　　3

D.诚实&对他人的需求很敏感　　1

图 4-6　DISC 问卷

二、分析讨论，调动学员反思

"学而不思则罔"是孔子提倡的一种学习方法，指的是一味读书而不思考，就会因为不能深刻理解知识的意义而不能合理有效地利用这些知识，甚至会陷入迷茫。著名教育心理学家波斯纳提出了一个成年人的成长公式：经验+反思=成长。任何一位理性而成熟的成年人，都是在对自己的经历进行不断反思之后成长起来的。会不会反思也是成年人之间在能力上存在差距的根本原因。

团队学习有利于学员反思。萧伯纳说过一句经典名言："你有一个苹果，我有一个苹果，我们彼此交换，每人还是一个苹果；你有一种思想，我有一种思想，我们彼此交换，每人可拥有两种思想。"这就是分享的价值。一个人在思考时，由于心智模式的影响难免会看不清事情的全貌，就像盲人摸象一样，大家在一起讨论有助于将事情看得更全面。自己思考是一个单向的过程，没人给你反馈，没人向你提出不同的观点，也就没人挑战你的观点，那么你思考的深度就要差一些。

在团队学习中，反思让人改变看问题的视角，从而看到原来没有看到的事物和事物之间的联系。反思的过程不仅是内省的过程，更是内"醒"的过程，反思就是自我唤醒自我。反思是源于心灵的力量，是心灵成长的原动力。所以接下来就需要培训师设计一些活动，促使学员对创设情境中的问题进行反思，并逐步引导学员走向将要被揭示的新知。培训师设计的促进团队反思的活动主要有五种，分别是小组讨论、邻座探讨、团队列名、鱼缸式讨论和分组辩论。

（一）小组讨论

小组讨论是把人员分成若干组，每个组就一个或若干议题进行探讨研究的一种方式。小组讨论的目标是统一思想并形成决议或做出决定。

一般4~8人组成一个小组，针对培训师设计的问题，采取依次发言和混合式发言的方式进行讨论。小组讨论使用起来方便、灵活，可用于各种问题的讨论。

◆ 操作步骤

（1）宣布讨论的问题和讨论所需时间。

（2）按照4~8人一组的形式组成讨论组，让小组成员围成一个圆或者半圆。

（3）在小组内选举或指派一名代表负责组织讨论过程。

（4）汇总讨论结果，然后选择代表呈现讨论结果。

（二）邻座探讨

邻座探讨是一种快速激发学员参与到讨论中的方法。培训师会要求学员就某个主题或问题与邻座进行探讨，并找到答案和达成一致意见。这是促进学员反思的有效方法，在两个人一组的情况下，每个人都不会被遗漏，也很难回避问题。每组搭档除了讨论，还可以一起完成练习或一起相互测试。例如，2009年柴静在参加首都记者协会演讲比赛时获得第一。在比赛中，柴静的演讲无论是在内容上，还是在演讲技巧上，都有很多值得学习的地方。培训师利用这段视频来"创设情境，连接已有经验"。在播放完视频后，培训师要求学员与邻座共同讨论四个问题。

（1）柴静运用了哪些演讲技巧（客观性层次）？

（2）请用三个词来形容一下柴静的演讲（反映性层次）。

（3）柴静的演讲对你今后的演讲有哪些启发（诠释性层次）？

（4）在看完这段视频后，你会采取哪些改善演讲技巧方面的行动（决定性层次）？

在这次提问中，培训师运用了ORID焦点讨论法中的技巧，分别从客观性层次、反映性层次、诠释性层次和决定性层次四个方面进行提问。当然，这种提问方式不仅可以用在邻座讨论中，也可用在其他集体讨论中。

ORID焦点讨论法是一种通过动态递进形式，引导学员逐渐找到关键要点，并制订行动计划的结构化会谈方法。ORID焦点讨论法具体可分为客观性（Objective）层次、反映性（Reflective）层次、诠释性（Interpretive）层次、决定性（Decisional）层次四个部分，每个部分的详细说明如表4-3所示。

表4-3 ORID焦点讨论法的详细说明

问题深度	问题的焦点	举 例
客观性层次 Objective Level	关于主题的事实 外在的现实状况	你看到什么东西 发生了什么事情 哪些事情引起了你的注意
反映性层次 Reflective Level	内心对问题产生的关联 鼓励参与者表达感受和发挥想象力	哪里让你感到焦虑或不自在 这让你联想到什么 什么让你感到惊讶

续表

问 题 深 度	问题的焦点	举 例
诠释性层次 Interpretive Level	识别素材的意义和潜在意义 判断素材与自己的关联	这与什么相关 这对我们来说有什么意义 我们从中学到了什么
决定性层次 Decisional Level	下一步的计划 做什么决定	需要做什么决定 接下来的步骤是什么 我们的回应是什么

在由于时间和环境等原因不能组织团队学习的时候,我们可以选择以个人独立思考的方式进行反思。在课程实施过程中,如果需要利用个人思考的方式进行反思,就需要为思考留出时间,千万不可在提问后马上揭示答案或阐述观点。在个人独立思考结束后,培训师可以邀请学员将个人思考的答案进行分享,这样既可以提高回答问题的效率,又可以引发学员之间的思想碰撞。

(三)团队列名

在自由讨论过程中,个人更专注于表达自己的观点,当观点受到否定或质疑时,由于希望自己赢得争论,造成了过多地注重"说"的方面,而在"听""想"方面差了一些。尤其在激烈而情绪化的争辩过程中,学员很有可能忽略甚至歪曲别人的思想。

团队列名中的针锋相对要少很多,它要求每人都要发言,且不许质疑、不许批评、不许打断,追求的是结果的数量和创意。你的想法可以天马行空,不必收敛,因为团队列名在"说"的基础上又多了一个"听"。对于寻求解决方案的问题,团队列名是一种很好的方式。表 4-4 所示是团队列名的六个基本操作步骤。

表4-4 团队列名的六个基本操作步骤

序　号	步　骤	说　明
第一步	公布问题	陈述并澄清议题，说明讨论的目标
第二步	个人独立准备	规定独立准备时间及每个人需要提供的观点数量 小组成员思考并记录自己的观点 在过程中不允许讨论，尽可能创造一个安静的环境
第三步	小组发言	按顺序轮流发言，一次只读一条，别人讲过的就略过去 把过程中的所有发言写在活动挂图或活动卡片上，且在书写期间不评论其他人的意见，但可以简单澄清
第四步	小组讨论	小组成员对每条意见进行讨论，可以澄清，可以同其他条目合并，也可以删除，如果有新的意见，也可以进行补充 在讨论每条意见的过程中，询问是否有启发，如果突然出现新的观点，可以随时加进来 在所有意见梳理完后，可以进行观点的整合
第五步	小组决策	所有成员根据自己认为的重要程度和准确程度，从全组列出的意见中选出若干条（如五条），并排列打分（类似于问题优选矩阵） 全组把分数相加，得分最多的前五条即为集体意见
第六步	宣布结果	回顾研讨过程，重申决策结果

（四）鱼缸式讨论

在进行鱼缸式讨论时，培训师把所有学员分为两组，分别围坐成内圈和外圈。内圈的人就某一话题进行自由讨论，外圈的人进行观察和记录。然后两组交换位置，继续讨论。在进行大组讨论时，鱼缸式讨论有助于学员将注意力有效地集中在目标问题的解决上。尽管需要较多时间，但这种方法可以很好地把大组讨论和小组讨论结合起来。

◆　操作步骤

（1）针对创设情境环节中提出的问题进行讨论。一般会设置两个问题，问题之间最好有联系但不是必要的，确定问题的讨论顺序；

（2）按照鱼缸式讨论的布局摆放座椅，共分为内外两圈，内圈为问题讨论者，外圈为观察记录者；

（3）在内圈讨论结束后，交换位置，完成第二个问题的讨论；

（4）在两个问题全部讨论结束后，重新集合全体学员，询问他们讨论和思考的结果。

例如，在管理沟通课程中，可以分别设计如下问题。

● 作为下级，你期望上级与你如何沟通？

● 作为上级，需要如何沟通才能既满足下级需求，又达到沟通目标？

（五）分组辩论

在分析讨论环节，分组辩论是两个小组针对同一个问题进行正反方辩论的一种方式。分组辩论是用一定的理由来说明自己对事物或问题的见解，揭露对方的矛盾，以便最后得到正确的认识或共同的意见。分组辩论能够挖掘同一个问题或事物的各个方面，从而找到各种可能的解决方案。这样的设计使每位学员都能参与进来，而不仅仅是辩论者。

◆ **操作步骤**

（1）陈述需要辩论的问题，并澄清学员提出的疑问。

（2）将学员分为两组，任意指定"正方"和"反方"。

（3）每个小组为己方的观点寻找论据，做辩论前准备。

（4）辩论过程分为三步。第一步，开场陈述。先由各组发言人阐述己方观点。第二步，自由辩论。在辩论过程中确保双方交替发言。第三步，总结陈述。双方针对自己的观点总结发言。

（5）结束辩论，但不宣布哪方获胜。让学员回到自己的小组，尽量安排与反方的学员相邻。小组成员一起讨论，通过辩论学到了什么。

（6）每个小组各选1~2名发言人，对刚才辩论的过程和讨论结果进行回顾和分析。

第二节　引导思考——展示论证新知

在上一节中，我们学习了"引导体验，激发学习兴趣"，首先是创设与学员过去经验相关的情境，之后是通过分析和讨论促进学员反思。在本节中，教学设计从引导体验阶段转向引导思考阶段。作为课程核心内容的传授环节，本节重点讨论如何阐述课程核心内容，以及如何促使学员充分地吸收和转化所学内容。

一、揭示新知，阐述核心内容

学员的经验是如何得来的？有些经验是从实践中直接得来的，而有些经验则是通过间接方式得来的，美国视听教育学家戴尔对此做了深入的研究，并将学员获得经验的方式做了总结，这种总结被人们称为戴尔"经验之塔"。让我们对戴尔"经验之塔"有一个简单的了解，如图4-7所示。

从图4-7中我们可以看出，戴尔将学员获得经验的途径分为三种：做的经验、观察的经验和抽象的经验。实验心理学家赤瑞特拉通过大量的实验证实：人类获取的信息83%来自视觉，11%来自听觉，3.5%来自触觉，1%来自味觉，还有1.5%来自其他。赤瑞特拉又通过另一实验证实：人们一般能记住自己阅读的内容的10%，听到的内容的20%，看到的内容的30%，听到和看到的内容的50%，在交流过程中自己所说内容的70%。在戴尔"经验之塔"中，看、闻、听、触摸、运动等方式都被考虑在其中，经验越靠近底层，参与的感官越多。

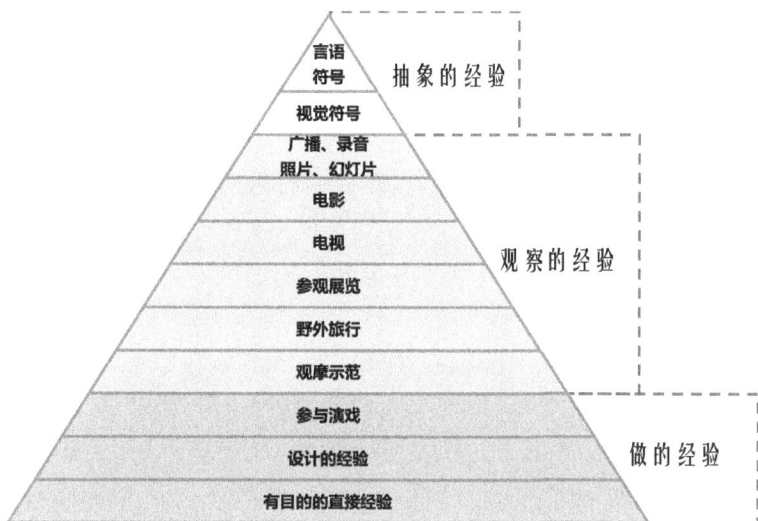

图 4-7 戴尔"经验之塔"

戴尔"经验之塔"对教学设计方面有如下启示。① 运用多种媒体，调用多种资源。教学设计需要多种媒体或培训方式相配合，这样可以调动学员多种感官参与，使学习更直观、具体，从而增强学习效果，为获得进一步的抽象思维创造条件。② 注重具体经验，适当利用替代经验。教学设计从具体经验入手，逐步过渡到抽象概念，要防止从概念到概念的做法。适当利用观察的经验是提高学习效率和改善课堂效果的有效方法。③ 促进经验抽象化，形成解决问题的能力。教学设计不能只满足于获得一些具体经验，必须向抽象化和普遍化发展，要形成概念。概念可供推理使用，是最经济的思想工具，它让我们探求知识的智力更为简单化、经济化。

基于戴尔"经验之塔"，在"揭示新知，阐述核心内容"的环节，培训师根据教学内容和教学目标，可以选用课堂讲授、现场示范和视频教学三种方法，分别从抽象的经验、观察的经验两个方面向学员输出课程的知识、方法和技能。在课堂练习环节，在培训师的引导下，学员通过做的经验来加强对内容的掌握。

（一）课堂讲授

课堂讲授是一种以说明、阐述、讲解、论述等口头语言方式表达培训内容的方法，也是课堂教学中使用频率最高的一种方法。课堂讲授可同时对多人进行培训，特别适用于核心内容、重要概念、知识点的讲述。在课堂讲授时，培训师容易控制教学进程，能够使学员在较短时间内获得大量信息和系统知识。如果运用不好，就会导致学员学习的主动性、积极性不易发挥，甚至出现培训师满堂灌、学员被动听的局面。

课堂讲授要求培训师讲授的内容要有系统性，条理要清晰，重点要突出。课堂讲授对培训师的要求较高，需要培训师语言生动形象、富有感染力，音量、语速要适度，语调要抑扬顿挫，适应学员的心理节奏，在必要时可运用板书。课堂讲授需要培训师与学员相互配合，这是取得良好讲授效果的重要保证。使用课堂讲授的课程本身就比较枯燥，如果培训师与学员缺少互动，效果就会更不好。

（二）现场示范

你发现了吗？学员对礼仪课程培训师的外貌和形体要求会高于其他课程的培训师，即使是天资充分的培训师，要想讲好这门课也必须先提升自己的气质。为什么这个课程对培训师有如此高的要求呢？原因是它需要培训师在课堂上做大量的现场示范，学员是根据培训师现场示范的结果，来修正自己的错误仪态或行为的。

现场示范是培训师在课堂上通过展示各种实物、直观教具或进行示范性演示，传递内容的一种教学方法，是课堂讲授的一种辅助性教学方法。在揭示新知这个环节，它是一种非常有效的教学手段。学员通过观察培训师的现场示范，来明白某种工作或任务是如何完成的。现场示范比较适合操作类的课程，如仪器仪表的使用、礼仪行为的规范和机器的操作使用等。

现场示范有助于激发学员对内容本身的学习兴趣。例如，在初中时代，物理和化学课程中的模型和实验都能很好地激起学员的兴趣。现场示范还有利于让学员获得感性知识，加深对所学内容的印象。需要注意的是，现场示范要求培训师必须能够熟练地完成操作任务，并提供足够的时间让学员重复展示。在现场示范后，培训师要留出时间对学员的提问进行答疑。

现场示范可以分为正确示范和错误示范两种。在一般情况下，根据学员的需要确定首先选择哪一种示范。如果学员对所学知识从未接触过，应该首先做正确示范。因为这样既保证了学习的首因效应，又能够让学员对接下来的错误示范有判断依据。反过来，如果学员对所学内容已有一定的经验，培训师可以选择正确示范在前，也可以选择错误示范在前。错误示范在前，能够激发学员的思考和学员对要解决的问题的兴趣。例如，在礼仪课程中，培训师会让学员判断哪些行为不符合礼仪规范。如果正确示范在前，则属于直入主题，对学员已有经验来说是一个梳理，随后进行错误示范则是为了让学员对所学内容进行现场检验。

（三）视频教学

首先让我们来看一段课堂实录："电线杆是人们在日常生活中再熟悉不过的事物，你有没有注意过许多电线杆两侧常带有数根拉线。拉线的存在是为了平衡电线杆各方面的作用力并抵抗风压，防止电线杆倾倒。拉线一般用于终端杆、转角杆和耐张杆处，起到平衡拉力的作用。普通拉线的结构包括上把（固定在抱箍上）、腰把（连接上把和底把）、底把（在地下固定，底把环露出地面0.5 米）三部分。拉线绝缘子离地面的距离不应小于 2.5 米，防止人触及拉线上把。接下来我为大家讲解拉线的制作。第一步，……"

在课堂上听到这段内容的讲解，你会有何感受？是不是很晕？这段教学内容是国家电网培训班上知识讲授课程中的一部分，从课堂现场的反应可以看出，大多数的学员在听完后都很晕！在后来的开发辅导中，笔者建议："如果有条件，可以通过现场演示的方式操作每个细节。如果课堂上不具备这样的条件，可以将操作过程用 DV 或手机录制成视频，在讲授该段内容时，结合视频为学员一一讲解。"

视频教学是利用电影、录像、录音等进行培训的一种教学方式，它也是课堂讲授的一种辅助方式。视频教学利用人体的多种感觉去体会培训，所以会给人带来更深的印象。视频教学的素材一般有两种来源，一种是企业自己拍摄，另一种是外部购买。企业自己拍摄的视频类似于前面提到的"恋上标准，玩转物业——标准服务打造品质物业"的课程，由企业内部员工真实出演，既增加了课程的趣味，又能体现企业的实际情况。外部购买的视频大多被用在通用类课程中，企业可以直接购买这些素材用到课程中，如礼仪类或设备操作类课程。

培训师在选取视频时要注意视频的清晰度，清晰度太低会影响教学效果。视频长度一般不得超过 15 分钟，最好保持在 10 分钟之内。视频过长会提高对学员记忆力的要求，在传递内容时不容易聚焦。视频教学要求培训师在播放前讲清楚教学内容的概况和要实现的目标，使学员对教学内容有大致的了解。在视频播放过程中，培训师可根据需要使用画外音或暂停的方式对视频内容进行讲解。作为培训师，需要提前考虑到培训现场的实际情况，有时由于受到视听设备和培训现场的限制(如工厂的食堂没有投影设备)，就需要另寻其他方式了。

为了保障学员在揭示新知环节能够保持对课程内容的关注和参与,培训师要随时通过提问的方式,激发学员思考和探寻学员心中的疑问。提问是最简单、最快捷的一种互动方法，一般有三种常用方式，分别是整体式提问、特定式提问和自问式提问。整体式提问是对课堂中所有的学员进行提问，引发全体学员对问题的思考。特定式提问是对某一组或某位学员进行提问，征询特定学员对问题的答案。自问式提问类似于设问,是为了强调某部分内容故意先提出问题,明知故问，自问自答。正确地运用自问式提问，能引人注意，启发思考。提问的方式还分为开放式提问或封闭式提问，在保持互动时多用封闭式提问，在激发思考和探寻答案时多用开放式提问。

二、启发联想，促进吸收转化

你可能有这样的经验，开车去拜访一位距离颇远的朋友，去的时候因为对路线不熟，所以感到路途遥远。按图索骥好不容易到了朋友家，大家说说聊聊，好不痛快，然后就告辞回家。按照原路开车回去，虽然玩得有点儿累，但回家的路好像近了很多。虽然从物理的角度而言，来回的路一样长，但走过一次后，有了对路况的认知，整个心理状态有了巨大的变化，即便来和回是一样长的路程，个人也会感觉回去的路好像近多了。这并不是"归心似箭"心情的反映，而是由"无知"变成"有知"所产生的心理现象。

1990 年，美国斯坦福大学研究生伊丽莎白·牛顿因一项研究而获得心理学博士学位。他研究的是一个简单的游戏，受试者分别扮演"敲打节奏者"和"听猜者"两类角色。敲打节奏者拿到一份列有 25 首著名曲目的清单，包括《祝你生日快乐》等耳熟能详的曲目。每位敲打节奏者选定一首，然后在桌上把曲子的节奏敲给听猜者，听猜者的任务是根据敲击的节奏猜出正确的曲目名称。

在这个游戏里，听猜者的工作并不轻松。在伊丽莎白·牛顿的实验过程中，敲打节奏者一共击打了 120 首曲目，听猜者只猜对了 3 首，成功率为 2.5%。

仅凭这项结果怎么能拿到心理学博士学位呢？原来在听猜者猜曲目名称之前，伊丽莎白·牛顿让敲打节奏者估计猜中的概率。敲打节奏者预测的成功概率是 50%。敲打节奏者满以为每击打两首曲目就能让对方猜中一首，实际上，在他们击打了 40 首曲目后，听猜者才成功听懂了一首。

原因何在？敲打节奏者在击打节拍时，头脑中难免会随之想起歌曲的旋律。你不妨自己动手试试，把《祝你生日快乐》的节奏敲出来，耳边肯定会听到这首歌。而此时，听猜者不可能感知到旋律，他们只能听到一串不连贯的敲击声——类似摩斯电码那样古怪的节奏。

在这项实验中，敲打节奏者非常惊讶，听猜者为什么费那么大力气还辨别不出曲目？这调子难道还不明显吗？当敲打节奏者听到听猜者把曲目名称猜错时，脸上的神色更是难以言喻。

产生这种结果的原因就在于，敲打节奏者一旦事先掌握了某种知识（如曲目名称），就很难想象缺乏这种知识的情形。敲打节奏者在打击节奏时，想象不出听猜者听到的是一串不连贯的敲击声，而不是连贯的歌曲旋律。这就是"知识的诅咒"。我们一旦知道某件事，就无法想象不知道这件事的情况：我们的知识"诅咒"了我们。我们很难与他人分享这些知识，因为我们无法轻易摸透听猜者那一方的心理状态。

其实，敲打节奏者和听猜者的实验每天都在世界的各个角落上演。敲打节奏者和听猜者，就是首席执行官和一线员工、老师和学生、政客和选民、营销者和消费者、作家和读者。在每组中，双方本该依赖持续不断的交流进行互动，但像敲打节奏者和听猜者一样，他们受困于信息的高度不平衡。

人一旦获得了某些知识或经验，就很难体会没有它们的感觉。这说明知识和经验的获取不一定是累加的，而是替代的，我们在不断获取知识和经验的同时，其实也在不断地丢弃一些东西。在揭示新知时，培训师要充分考虑到"知识的诅咒"这一现象，运用多种方式帮助学员理解和吸收所学内容。接下来笔者将和你分享四种方式，促进学员对所学内容的消化和吸收。

（一）形象比喻

形象比喻就是"打比方"，根据事物之间的相似点，把某一事物比作另一事物，把抽象的事物变得具体，把深奥的道理变得浅显。形象比喻是向别人——尤其是外行，解释一个问题的良好方法，很多学者和培训师都愿意采用比喻的方式来说明一个问题。比喻做得好，可以用生动形象的语言帮助人们理解问题。形象比喻的第一个关键是要抓住问题的核心，换句话说，原问题和所做比喻必须具有共同的关键部分。很多比喻看似精妙，实际上是错误的。例如，关于经济发展中的泡沫，曾经有非常著名的经济学家认为，它就像喝啤酒时的泡沫。喝过啤酒的人都知道，啤酒有泡沫喝起来才有味道，但经济发展有泡沫永远都是不好的，所以这不是一个好的比喻。另一位经济学家在别人问到他对经济发展的看法时说，经济发展就像骑自行车，太快了会摔跤，太慢了会倒，所以要不快不慢，这就是一个比较好的比喻。因为经济增长太慢，社会问题就容易累积，从而爆发出来；经济增长太快，社会就容易产生投资过热和通货膨胀等问题。形象比喻的第二个关键是必须用简单的东西来比喻复杂的问题，而不是用复杂的东西来比喻简单的问题。

【实例40】"教练式辅导"课程中关于"辅导"的形象比喻

在"教练式辅导"课程中，如何向学员讲清楚教练式辅导的概念呢？运用比喻就是一个很好的方法。把教练式辅导比喻成镜子、指南针、钥匙和催化剂，通过形象的比喻促使学员理解教练式辅导的概念。教练式辅导像镜子一样，可以让你了解自己的优势和劣势；教练式辅导像指南针一样，可以让你找到提高和发展的方向；教练式辅导像钥匙一样，开启阻碍你前进的心锁；教练式辅导像催化剂一样，提升你前行的速度。

培训师将教练式辅导比喻成生活中的常用物品，让学员更轻松、更快速地理解教练式辅导的概念和价值。接下来，我们看另外一个实例。

【实例41】"泥水盾构始发关键施工技术"课程中的形象比喻

在"泥水盾构始发关键施工技术"课程中，培训师希望解决市政盾构隧道工程施工技术人员在盾构始发时，由于对盾构始发各关键工序掌握不足、对地质情况认知不足，而造成盾构始发时出现的涌水涌沙、地表塌陷、盾构栽头、洞门渗漏、管片拼装质量差、结构渗漏水等问题，使施工技术人员通过对盾构施工关键技术的学习，达到盾构安全始发的目的。在此课程中，在讲到如何应对常见盾构施工事故时，培训师将常见的盾构施工事故与解决方案类比为医生开具的处方，如图 4-8 所示。这样的形象比喻既能提高学员对问题的重视程度，又能清晰地展现问题与解决方案的对应关系。同时，培训师将这个处方制作成了学习卡片，以便学员课后在工作环境中应用。

施工医院诊断报告单
门诊反馈单

检查日期XX年XX月XX日

姓名：盾构机始发施工	部门：门诊	检测部位：盾构机始发
患者描述： 1、加固效果不好 2、开洞门时不稳 3、始发后盾构机"叩头"	诊断建议：	1、必须根据端头土体情况选择合理的加固方法，加强过程控制，严格控制基本参数。对于加固区与始发井间形成的必然间隙，要采取合理方式处理。 2、在小范围的情况下，可采用边破除洞门砼边利用喷素砼的方法，对土体临空面进行封闭。如果土体坍塌情况严重，就封闭洞门重新加固。 3、在盾构机抵达掌子面及脱离加固区时，容易出现盾构机"叩头"的现象，通常采用抬高盾构机的始发姿态、合理安装始发导轨和快速通过的方法尽量避免"叩头"或减轻"叩头"的影响。
诊断医生：XXX		

图 4-8　门诊问题反馈单

在形象比喻中，常用的喻体有以下五种。

（1）一个常见物体。优秀的经理像自动调温器一样，时刻监控自己下属的温度，并在必要的时候做出适当的调整。

（2）一种常有的经历。团队间的沟通障碍像交通堵塞一样，大家都想尽快到达终点，却因为沟通规则不畅堵在了路上。

（3）一项体育活动。维护安全就想走钢丝一样，如果你大意了，结果就是不知什么时候会掉落深渊。

（4）一种动物。在职场上，有一类人喜欢出风头、表现自己，他们就像孔雀一样，总是在人前展现自己。

（5）一种常规操作。对课程内容进行"总结回顾"就像点击文档中的"保存"按钮。如果培训师在讲完每块内容后没有进行"总结回顾"，学员就很可能记不住课程内容。

（二）举例说明

为了更好地说明课程内容，有时只讲道理，学员不太容易理解，这就需要用到通俗易懂、有代表性的例子来加以说明。举例说明是通过借用具体的、相对来说较容易理解的实例将抽象化事物阐述清楚的一种方法。在举例说明时，可以用生活中的实例，也可以用工作中的案例。举例说明选取的例子要与所说明的问题在内容上保持一致，不能似是而非，更不能张冠李戴，否则就起不到说明事物特征的作用。所举例子要尽量典型、有影响力和有代表性，以增强说明的效果。所举例子要通俗易懂，深入浅出，让人感觉有可信度。

【实例42】"创新思维"课程中关于"创新层次"的举例说明

在"创新思维"课程中，创新被分为两个层次，分别是渐进性创新和突破性创新。为了让学员更好地理解这两种创新的含义，培训师用生活中每个家庭都拥有的自行车来举例说明。

"渐进性创新"是指现有技术的改进引起的渐进的、连续的创新。例如，自行车是大家都很熟悉的一种代步工具。20世纪70年代末，在美国的加利福尼亚州，有一群精力旺盛的年轻车迷，为找不到合适的赛车进行登山运动而感到沮丧。于是，他们尝试着把普通自行车沉重的框架与赛车上的传动装置、低压轮胎和摩托车的刹车系统组合在一起，结果山地自行车的雏形就诞生了。这种技术的改进被称为"渐进性创新"。"突破性创新"是基于工程和科学原理上的突破性技术而产生的创新，此类创新往往引发产品性能主要指标发生跃迁，进而促使市场规则、竞争态势甚至整个产业发生变革。例如，将自行车改为电能驱动的电动自行车就是突破性创新的一种，大家从路面上行驶的电动自行车的数量就可以知道它改变了产业结构，为企业带来了巨大的利润。

接下来，我们来看另外一个实例。

【实例43】"游'任'有余——银行厅堂营销四部曲"课程中关于"客户关系维系"的举例说明

在"游'任'有余——银行厅堂营销四部曲"课程中，培训师将银行厅堂营销的过程分为四个步骤，分别是客户识别二三四、营销促成六妙招、异议处理主客观、客户维系两方式。其中，在客户维系方面，主要有两种方式，一种是短信或微信的方式，另一种是电话的方式。对日常客户关系的维系，大多时候采用的是短信或微信的方式。在课程设计时，培训师结合自身营销经验，在进行短信或微信营销时，总结的方法是"蹭热点、引痛点、促联系"。为了更好地帮助学员理解这三个要点，培训师对该方法进行了举例说明，如下所示。

×××看到朋友圈满屏都是各级领导关心"困难群众"的新闻，当时就有了主意。【蹭热点】

在财富管理面前，职场小白与资产过亿的人，其实都有难言之隐，都可以被称为"困难群众"。钱少有钱少的困惑，钱多有钱多的烦恼，如何让自己的财富保值、增值，一直以来都是一个永恒的主题。说到打理财富，那就是×××的专业啦！如何避免成为月光族？如何打理巨额闲置资金？我都能给您支招

儿。想做各级领导关心的困难群众是假，不想做理财的困难群众是真，说中了吗？【引痛点】

我是×××，您的专属客户经理（工号××××），电话为×××-×××-×-××××。【促联系】

在课堂上，培训师通过对此实例进行深入解读，让学员对"蹭热点、引痛点、促联系"有了更明确、更清晰的理解和认知。

（三）分类比较

分类比较也叫比较分析法，是把客观事物加以比较，以认识事物的本质和规律并做出正确评价为目的的一种方法。培训师将课程内容与容易和它混淆的内容做比较，让学员理解所学内容的特点及与相关内容的区别。常见的分类比较方式有两种，分别是通过表格对比和通过图形对比。

1. 通过表格对比

通过表格对比是利用表格的特性，将两类相似的概念或方法进行对比。例如，在培训课上，笔者经常对学员分析培训与教育的区别。首先，主体不同。培训的主体是成年人，他们离开学校的时间不等，拥有很丰富的工作经验。培训对成年人来说是工作的辅助和发展的支持。教育的主体是学生，他们以学习为首要任务。其次，目的不同。培训的目的是学以致用，而教育的目的是提升素养。最后，内容不同。成年人学的内容是现在或未来工作中需要的、具有良好实践性和应用性的内容。学生学习的内容是为了走入社会而储备的知识，偏于理论性和系统性。基于以上三点原因，培训与教育在主导方式、教学过程、教学方法和学习时间上都产生了区别。培训的主导是学员，所以它采取的是以学员为中心的教学方式。换句话说，学员想学什么我们就教什么，学员需要什么我们就准备什么。教育以老师为中心，一般按学科划分，依据学科匹配专业的老师。培训注重过程的反馈，培训师要根据学员完成任务的结果给予相应的指导和反馈。这个反馈也是培训效果的保障。教育的过程是对所学知识的积极强化，一般采用作业和考试的形式。基于成年人对培训的需求和培训所要达成的目标，一般培训课程都会采用讲、演、练一体的方式。教育的过程以知识的传授为主，偏重理论性和系统性，所以教学方法以讲授居多。成年人在工作中需要不断提升才能更好地跟上公司的发展和社会的变化，所以培训是终身性的。而教育是学生在走入社会之前完成的系统化学习，所以教育是阶段性的。

在培训课堂上，上述内容更适合以讲述的方式呈现，但对学员来说，由于信息量过大，理解和记忆都会给他们带来不小的难度。在这个时候，培训师需要做的是将这些内容进行优化，以表格的形式呈现，让学员能够一目了然地从全局角度看到培训与教育之间的区别，如表4-5所示。

表4-5　培训与教育之间的区别

类　别	培　训	教　育
主体	成年人	学生
目的	学以致用	提升素养
内容	实践性、应用性	理论性、系统性
主导	以学员为中心	以老师为中心
过程	注重反馈	积极强化
方法	讲、演、练一体	讲授
时间	终身性	阶段性

2．通过图形对比

通过图形对比是利用图形的方式，将容易混淆的概念和方法进行对比。图形比表格在视觉冲击力上更占优势。例如，在企业宣传写作课程中，主要的四类文章分别是工作宣传类文章、活动宣传类文章、人物宣传类文章和会议宣传类文章。如何让学员清楚每种文章的写作重点，是课程开篇时需要澄清的关键问题。培训师同样利用了分类比较的方法，从结构、标题、导语、正文、结尾和配图六个方面通过图形的方式进行对比，如图4-9所示，这样的对比形式对促进学员理解新知有很大的帮助。

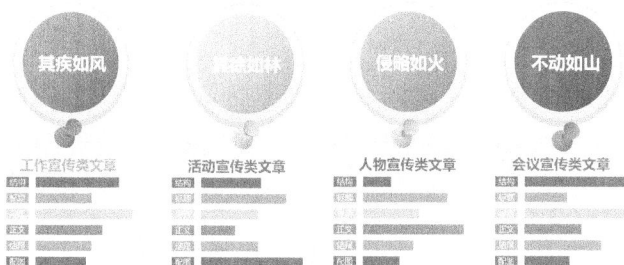

图4-9　四类文章特点对比

（四）用图说话

一张好图胜过千言万语，如果能用图片来传递和解释信息，那么将会让课程内容更形象生动，直指人心。以图为武器，能让培训师讲授的内容变得更加系统、有条理。一张好图还能够增进学员左脑与右脑之间的交流。用图说话有两种方式，一种是解释说明图，另一种是结构关系图。

1．解释说明图

解释说明图是通过图片对课程内容进行深入阐述的一种方式。这种方式使学员能够利用左脑和右脑，分别从理性和感性两个角度对所学内容进行全面认知。

✎ 【实例44】"这样拍，就对了——在P模式下搞定企业宣传摄影"

课程中关于"九宫格构图"的解释说明

在"这样拍，就对了——在P模式下搞定企业宣传摄影"课程中，其中一个知识点是摄影构图。九宫格构图是最为常见、最基本的构图方法。如果把画面当作一个有边框的图形，把左、右、上、下四个边进行三等分，然后用直线把这些对应的点连起来，画面中就构成一个"井"字。画面被分成面积相等的九个方格，"井"字的四个交叉点就是兴趣中心。简单地说，就是把画面的主体放在这四个点上。这种构图方法比较符合人们的视觉习惯，使主体自然成为视觉中心，具有突出主体并使画面趋向均衡的特点。

在这个案例中，培训师使用解释说明图的方式，帮助学员理解九宫格构图的理论。如图 4-10 所示，左侧图片的兴趣中心在"井"字的右上角，突出的主题是一名工人正在专注地工作。右侧图片的兴趣中心在"井"字的中心区域，突出的主题同样是一名工人正在专注地工作。通过对比这两张图片，不仅能够帮助学员理解九宫格构图的概念和特点，而且说明同一个主题可以有不同的构图方式。

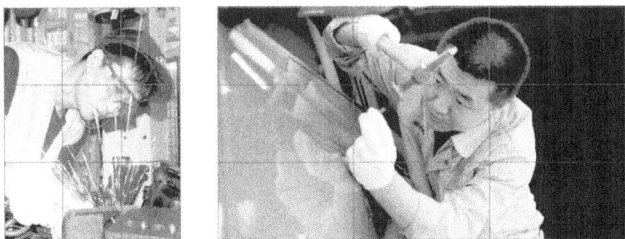

图 4-10　九宫格构图

2．结构关系图

结构关系图是一个系统的大致轮廓，主要展示部件之间的相对位置和概要关系。结构关系图可以帮助我们比较直观地看到整体，树立全局意识，如同一幅鸟瞰的"快照"，帮助学员看清整体。有些事物的关系抽象而复杂，为了使学员听明白，培训师也可以附上产品设计图或操作流程图等。

【实例45】"精英销售人员业绩突破"课程中的"业务流程"结构关系图

在某医药公司开发"精英销售人员业绩突破"课程时，其中有一部分内容是精英销售人员如何找出增加销量的有效途径。培训师在调研访谈中发现，虽然很多精英销售人员的业绩很好，但是很少有人了解公司整个业务流程的全貌。所以，培训师首先需要让学员清晰地知道自己的工作在整个业务流程中的位置，以及自己在工作中所能接触到的关键环节，如图 4-11 所示。其次要求销售人员通过交叉讨论的方式，对增加销量的有效途径进行初步挖掘。

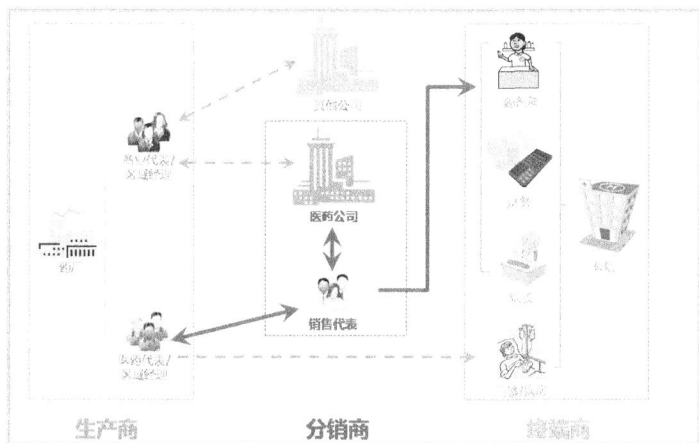

图 4-11　"业务流程"结构关系图

　　在绘制结构关系图时，第一步先勾画出基本的系统轮廓，也就是图 4-11 中虚线方框的部分；第二步是在基本的系统轮廓中，标注要素的相对位置；第三步是画出要素之间的关系。经过这三个步骤，就完成了一份结构关系图的绘制。

　　图片的来源有四种途径。① 自己拍摄。用相机拍摄工作或生活中的真实情景。这类图片的真实性强，更容易联系工作实际，促进学员理解。② 简笔画。根据想要表达的主题，由培训师或邀请专业人员绘制。简笔画是近年来比较常用的一种方式，其由于自由灵活、易于实现而被培训师广泛使用。③ 网络搜索。通过搜索与课程内容相关的关键词，获得所需要的图片，如九宫格构图。④ 电脑制作。通过 PPT 或 Visio 等软件制作而成，如结构关系图。

第三节　引导应用——推进实践落地

　　练习是课程实施必不可少的一个环节。有效的练习不仅能使学员在培训师的指导下及时弥补不理解的地方，而且可以使学员对所学内容进行及时巩固。学员掌握课程内容有一个过程，要在初步理解的基础上通过必要的练习，才能加深理解、逐步掌握。对于那些重要的、必须让学员牢牢记住的内容，务必安排足够的练习、测验和强化环节，不重复演练很难让学员记住。

一、练习反馈，确保学有所得

课堂练习可以使信息及时反馈，提高解决问题的效率。一方面，课堂练习可以帮助培训师及时了解学员对内容理解和接受的情况，大致了解课程目标是否能够达成。另一方面，对学员来说，课堂练习可以帮助他们及时地了解自己有没有达到学习要求。有些问题在听课时不容易暴露，通过课堂练习，学习的效果马上就能展现出来。培训师可以根据练习情况，合理调整教学进度和教学内容，避免把学员当成知识容器。

课堂练习常见的主要问题有三个。① 没有足够的练习时间。培训师总是希望能够多讲一些，他们往往认为讲得越多，学员的收获越大。所以造成的结果是培训师将大部分时间放在了内容的讲授上，只是象征性地留出一点儿时间来做练习。另外，迫于业务的压力，为了让员工有更多的时间处理业务工作，培训师不得不缩短培训时间。面对这种压力，培训师不仅缩短课程时间，而且更多地缩短的是课堂练习时间。② 练习缺乏针对性。如果一个课程的最终目标是让学员应用他们学到的知识做一次出色的销售演说，那么，所采用的评估方式必须将学员放在适当的情境中进行。很多培训师在设计练习时经常脱离学员的实际应用环境，导致学员回到工作岗位时，不知如何将新技能迁移到工作中。③ 练习过程难以控制。在实施练习的过程中，培训师对培训现场的把控能力不足，造成培训现场混乱的局面，不能依照既定的目标完成相应练习。还有可能发生的情况是学员对练习的内容理解不清，造成练习的过程和设计的目标不一致。

（一）六种常用的课堂练习方式

常用的课堂练习方式有六种，分别是课堂测验、案例分析、角色扮演、实操练习、游戏练习和演讲分享。

1．课堂测验

课堂测验是指通过测验的方式来检查学习效果的一种练习方式。知识类课程的目标是让学员更好地记住，并能够在使用的时候快速提取。对于知识类课程的内容，课堂测验是检验学习效果的恰当方式。课堂测验的主要方式有填空题、选择题、判断题、连线题和问答题等。课堂测验可以通过现场提问的形式完成，也可以通过试卷的形式考查。

（1）填空题。填空题是指给出已知条件，用横线代替要考查的内容，要求学员填上正确答案的一种练习方式。在课堂测验时，学员必须用相应的词语或短语完成一个问题的回答。填空题消除了主观性的复杂干扰，适合只包含几个有限正确答案的测试，而且填空题便于根据标准答案进行正确率的判断。填空题不适合"为什么"和"怎么做"类型的问题。例如：

在为企业宣传摄影时，一幅好的作品需要包含的三要素是_____、

_____、_____。

（答案：主题、主体、兴趣中心）

（2）选择题。选择题包括单选题和多选题，属于客观性试题。选择题一般由题干和备选项两部分组成。题干就是用陈述句或疑问句创设出解题情景和思路。备选项是指与题干有直接关系的备选答案，分为正确项和干扰项。例如：

单选题

下面哪些密码符合复杂密码的要求？（　　　）

A．mypassword

  B．P@ssw0rd

  C．Zhangsan

  D．201314

（答案：B）

多选题

中午外出就餐时，如下哪种手段能最好地保护您电脑上的敏感数据？

（ ）

  A．使用"Win+L"组合键锁定电脑

  B．关闭所有程序

  C．关闭电脑

  D．在屏幕上张贴"请勿动"的告示

（答案：AC）

  选择题的优点是通过干扰项检验学员对课程内容掌握的程度，而且可以在短时间内对大量内容进行快速测试。选择题没有说明和解释的空间，对出题者的设计能力和知识掌握水平要求较高。

  （3）判断题。判断题是指针对一段内容描述，在其后面的括号内打上"√"或"×"来判断该段内容描述是否正确的一种练习方式。判断题只有两种答案，对或者错，似乎很容易。但很多判断题看上去似是而非，常使一些学员感到捉摸不定。判断题的命题通常是一些比较重要的或有意义的概念、事实、原理或结论。例如，在"零缺陷质量管理"课程开发中，有这样一段内容："质量问题通常分为两种形态：突发问题与多发问题。突发问题（异常性），应该做到或不应该发生而发生的，表示现状比基准差，实力没有发挥出来。多发问题（改善性），希望做到而目前尚未做到，表示现状与期待有差距，希望提升实力。"为了检验学员是否正确理解这个知识点，培训师通过判断题的形式来进行考查。

问题：对以下问题形态的判断哪个是正确的？

□ 新上岗员工导致的漏装属于多发问题（　　　）

□ 发动机由于未按作业标准书确认扭矩导致漏油，属于突发问题
（　　　）

□ 物流因没有保护罩导致下雨后物品发生污染属于突发问题（　　　）

（4）**连线题**。学员通过连线的方式，将两个序列中的相应事物匹配起来。
从形式上来说，连线题的趣味性较强。从设计角度来说，连线题比填空题、选
择题和判断题等要难。例如，"高品质工作汇报"课程的目标是解决员工在汇
报工作时，由于选择方式不对、内容汇报不全和重点不突出而造成的上下级沟
通效率低的问题。其中有一段内容介绍的是工作汇报的三种主要形式，分别是
口头汇报、提纲式汇报和书面汇报。培训师在讲解完内容之后，设计了一个连
线题，如图 4-12 所示，来检验学员能否判断什么内容采取什么样的汇报方式
会更有效果。

重大问题、情况

月度、季度工作汇报

一般会议

急需解决的问题

A 口头汇报

B 提纲式汇报

C 书面汇报

不成熟的想法、思路

所负责的专题、项目

图 4-12　"高品质工作汇报"课程中的连线题

如果培训师认为连线会使呈现结果看起来有些混乱，那么可以尝试用填写
编号的形式来完成连线任务。例如，在"领导审稿一遍过——四招教你成为企
业'稿'手"课程中，不同的文章需要的素材也各不相同。如图 4-13 所示，培
训师通过填写编号的方式，检查学员是否掌握了每种类型的文章所需要的基本
素材。

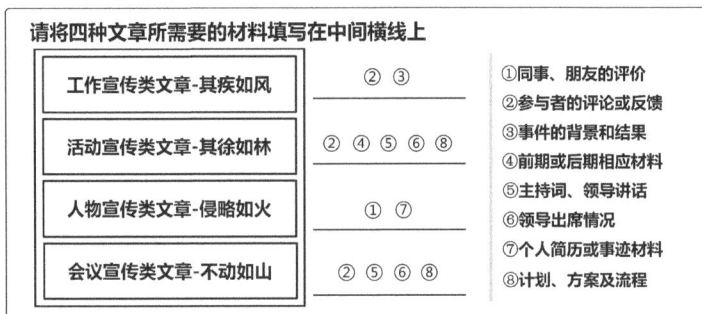

图4-13　"领导审稿一遍过——四招教你成为企业'稿'手"课程中的连线题

（5）问答题。问答题是指通过开放式的提问来检查课程学习效果的一种练习方式。问答题中问题的设置，除了可以问"是什么"，还可以问"为什么"和"怎么做"。在学员回答问题过程中，培训师需要对学员提供的答案做出快速判断，并对答案中有错误或不完善的地方给予补充，所以问答题对培训师现场应变能力的要求较高。在现场提问时，培训师可以选择让学员独立回答，也可以选择让小组讨论后再回答。例如：

□　管理与领导的区别是什么？（是什么）

□　面对骨干员工的离职申请，你会如何开展离职面谈？（怎么做）

□　是什么原因导致培训师在台上紧张？（为什么）

2．案例分析

在课程开发时，案例一般会用在三个环节中：第一个是引导体验环节，连接学员已有经验；第二个是引导思考环节，促进吸收转化新知；第三个是引导应用环节，促进课堂练习落地。案例分析适合知识类内容，也适合技能类内容。它对学员的知识检验和能力迁移来说都是一种很有效的方法。案例分析的设计需要考虑五个要素：案例背景、案例思考、练习要求、操作要点和分析要点。

🖊 【实例46】"让绩效面谈不再难谈"课程中的"案例分析"练习

在"让绩效面谈不再难谈"课程的开发中,培训师运用案例分析的方式带领学员进行实践练习。

案例背景

技术研发部门王经理在上月末设置本月绩效目标时,为调动下属员工的积极性,特地在设置目标之前,再三与上级经理进行沟通协调,希望能设置较合适的绩效目标,既能激励员工努力工作,又能配合整个组织目标的达成。转眼间,到了月末绩效考评的环节,看着员工们并不是很理想的考核得分,王经理十分烦恼,决定先找平常表现还不错的部门员工小陈就此事好好聊聊。

为了保证绩效沟通能有良好的效果,王经理先调整了自己烦躁的情绪,再次认真地把小陈的考核成绩仔细研究了一番,他发现其中有几个考核项目完成得不太理想,内心暗自想:这些项目可都是公司近期关注的重点项目。于是决定将此作为沟通的切入话题。

员工小陈准时来到王经理的办公室,似乎略有沮丧地坐到了王经理对面。王经理发现了小陈的异样,但没心思多问,于是在寒暄一阵后,切入了主题:"小陈,你也知道××项目是公司本月度较关注的项目,咱们部门作为项目的主力部门,应该更加努力去完成,不能因为咱们部门的落后而影响整个项目的运作,我说这些你明白吧。"王经理继续语重心长地说:"当然,我也知道这个项目的确有点儿麻烦,现在公司能给予的支持,我这里会全面配合你的,如果需要其他部门配合,你尽管来找我,我肯定会第一时间和其他部门的领导协调。"

想了一想,王经理又补充了几句:"小陈,你在咱们部门是比较努力的,在业务能力方面也是一把好手,我很看好你,也打算重点培养你。上次你提出的加薪申请在我这边肯定是没有问题的。"

王经理说着，看了看小陈，继续说："可是咱们公司也是有绩效考核的，考核成绩在一定程度上决定领导对你的直观评断。你看这个是你本月的绩效成绩。"说着，指了指桌上的一张绩效考核表单，"其实挺不理想的，我觉得你还可以从几个方面着手再努力一下……"

小陈在一旁一直听王经理讲话，始终低头不语，过了一会儿抬头看着经理，勉强说："嗯，我知道了，经理。"

……

"好了，别的也就不说了，回去好好干活吧。"王经理说。

走出办公室，小陈内心暗想……

案例思考

（1）走出办公室，小陈会怎么想？

（2）王经理在进行绩效面谈时，存在哪些问题？

（3）绩效沟通的目标是什么？做好绩效沟通的要点有哪些？

（4）请分享你对实际工作中绩效沟通的感受。

练习要求

- 个人独立思考5分钟，并将问题的答案写到白纸上；

- 小组讨论10分钟，选择出每组的共识答案，并写到白纸上；

- 每组选出一名代表，上台展示讨论结果。

操作要点

- 在独立思考阶段，需要进行2次以上的问题强调；

- 在小组讨论环节控制时间，在5分钟和8分钟时进行提醒；

- 在讨论期间走进每一组，针对发现的问题给予反馈；

- 在展示讨论结果的过程中，用笔和纸及时记录发现的问题。

分析要点

培训师根据"绩效面谈结果检查表"（见表 4-6）中的要求进行案例点评。

表 4-6　绩效面谈结果检查表

检 查 问 题	是	否
1．是否营造了开放的氛围		
2．在面谈开始时，您与员工是否已了解面谈的目的与流程		
3．您与员工是否都做好了充分准备		
4．在面谈过程中，您是否仔细倾听了员工的发言（很少打断）		
5．针对员工的问题，您是否给予了明确反馈（员工能正向接受）		
6．员工是否对您的评价有清晰的理解及确认		
7．员工是否具体确认了当前的绩效问题或改善点		
8．员工是否已经明确今后应怎样提高绩效		
9．在面谈结束时，双方是否就员工发展计划达成了一致的意见		
10．面谈是否对员工产生了激励作用		
11．是否做好了面谈记录并让员工也签字确认		
12．您是否清楚在下次绩效面谈中应做哪些改变		

案例分析容易检验学员对知识理解的全面性和深度。如果分析要点超过三条以上，建议用表格或检查清单的方式进行记录。选择以什么方式进行案例讨论，可以参考第四章第一节"分析讨论，调动学员反思"部分给出的建议。在设计练习规则时需考虑学员的实际能力，过于简单和过于困难都会造成练习的失败。

3. 角色扮演

角色扮演要求学员通过扮演任务中的某个角色，完成对所学知识和技能的练习。角色扮演设定了一个最接近现实状况的培训环境，指定参加者扮演某个角色。学员借助角色的演练来理解角色的内容，从而提高解决问题的能力。角色扮演能够让学员将所学到的知识进行灵活的运用，使课堂内容与自我经验能够更充分地结合。角色扮演适合操作技能、方法和技巧等方面的练习。

与案例分析类似，创设情境中的角色扮演和练习中的角色扮演从操作方式上来说是一致的，区别在于要实现的目标不同。创设情境中的角色扮演，目的是连接学员已有经验，让学员在完成角色的过程中，发现原有工作中存在的问题，从而激发学员的学习兴趣。练习中的角色扮演，目的是练习课程内容中揭示的方法和技巧，让培训师能够根据学员完成练习的情况来检验培训效果，从而指导学员修正错误。

【实例47】"房地产经纪人技能提升"课程中的"角色扮演"练习

T公司是一家房地产经纪公司，每年这家公司都会对房产经纪人进行一轮集中培训。在培训中有一个核心内容是"当面对租赁房屋的客户时，如何提高成单率"。T公司的员工大多具有1~3年的销售经验，所以在设计课程时，培训师将 60%的时间设置成练习时间，让学员通过角色扮演的方式完成所学内容的练习，并让学员通过互相点评的方式，促进彼此间的互相学习。

这门课程中的角色扮演共涉及三个角色：租赁房屋的客户（见表 4-7）、房产经纪人（见表 4-8）和观察员（见表 4-9）。在这三个角色中，重点关注的是房产经纪人所表现出的结果。其中租赁房屋的客户在角色扮演过程中依照角色卡中的指示配合房产经纪人完成工作。观察者按照角色卡中的要求，站在第三方的角度，观察房产经纪人在模拟工作过程中的表现，并通过观察反馈表（见表 4-10）中的要求和自己的经验对房产经纪人的表现进行详细记录。每组练习时间不超过 10 分钟。为了让更多的人参与到活动中，也可设置成多个小组同时进行角色扮演活动。

表 4-7　租赁房屋的客户角色卡

角色：租赁房屋的客户

情景	你是一名刚毕业的大学生，最近刚找到工作，希望从学校搬到离公司近一些的地方。你已经在网上找了一段时间，但总是找不到自己满意的房源。所以你想找一家正规的房屋中介，花一些中介费来找房子
活动指导	在表演过程中，不要向房产经纪人提供关于你情况的所有细节或者和他共享你所有的信息，而是等他向你提问。如果他向你提出了一个限定答案的问题，你只需回答"是"或"否"即可。不要详细描述，除非他向你提出开放性或高收益的问题 在表演的最后部分，房产经纪人重述他对你需求的理解
准备	列出你对房屋有哪些要求，这里有一些你可能要考虑的因素，如果愿意的话也可以加入自己的观点： ● 一个有阳台的屋子 ● 如果离公司远一些，要临近地铁站 ● 租金要合理 思考找到合适房屋对你的重要性，这将决定你在这次合作表演中要表达的感受

表 4-8　房产经纪人角色卡

角色：房产经纪人

情景	你是 T 房地产经纪公司的一名员工。T 公司拥有大量的登记房源，因此在为客户寻找合适的房屋方面享有很高的声誉。你正在和一名寻找房源的潜在客户交谈
活动指导	你自认为是一名能够提供高品质服务的工作人员。这次角色扮演为你提供了一个练习迎接客户、倾听、提问和重述客户感受和事实的机会。要集中精力尽可能多地获得关于客户需求和期望的信息 在考虑提问范围时，你可以假设你是一名客户，思考你自己的需求和兴趣可能是什么，你希望工作人员向你提什么样的问题 在表演的最后部分，总结并重述你对客户需求的理解

续表

角色：房产经纪人	
准备	写出你在这次合作中的开场白 客户有什么样的需求和期望？这里有一些可能要考虑的内容，你可以将其加入自己的观点： • 租金费用 • 所在位置 • 个性化需求 构思可能会帮你发现客户需求的问题，你可以使用： • 限定答案的问题 • 开放式问题 • 高收益问题 结束后阅读观察员填写的"观察反馈表"，看看他是如何评价你的技巧的

表 4-9 观察员角色卡

角色：观察员	
角色	观察员的角色非常重要，因为你在观看他人的表演，进而判断他人接待和理解客户的技巧如何
准备	阅读本次活动中客户和房产经纪人的角色特性，为角色表演做好准备。认真阅读"观察反馈表"，如有不明之处请单独向培训师请教
任务	使用"观察反馈表"记录观察到的行为，记录时建议使用关键词记录法 在活动结束后，对房产经纪人的扮演结果给予反馈

表 4-10 观察反馈表

分类	行为要点	关键词记录		备注
		优点	不足	
接待技巧	问候客户			
	介绍公司			
	使用眼神交流和微笑			

续表

分类	行为要点	关键词记录		备注
		优点	不足	
询问技巧	认真倾听并重复客户的感受和实际情况			
	通过眼神交流和点头的方式鼓励客户深入表达需求			
	提出限定性答案的问题			
	提出开放性问题			
	提出高收益问题			
	通过重述真实情况进行总结			
建议	取得良好结果的细节			
	需要改善的细节			

4. 实操练习

实操练习是指学员通过实际操作设备或现场演练进行练习的一种方式。这种练习方式一般适用于设备操作类课程和技能技巧类课程。在进行实操练习时，建议配备实际工作中所使用的材料和设备。指导实操练习分为四个步骤，分别是说明规则、亲自示范、学员练习和纠正反馈。

第一步：说明规则

（1）说明练习内容，要求系统全面、有条不紊；

（2）重点内容需重复和强调；

（3）通过提问的方式检查学员是否听懂。

第二步：亲自示范

（1）示范时要完整呈现各个步骤，不遗漏；

（2）示范时要边示范边讲解，加深学员理解；

（3）注意示范位置和角度，让学员看清；

（4）根据学员水平确定示范速度，保证质量。

第三步：学员练习

（1）首先让学员完成整个动作内容；

（2）记录学员练习过程中的问题，以便反馈；

（3）引导学员总结练习过程中的收获和不足。

第四步：纠正反馈

（1）可逐一反馈，也可统一反馈；

（2）反馈时建议采用"三明治结构"（优点、不足、期望）。

在实际练习过程中，培训师可选择在练习期间给予适当提示，以促使学员顺利完成练习。在练习结束后，培训师再次肯定学员在练习过程中的优点，强化学员练习中的收获，并可根据需要加以实物褒奖。

5．游戏练习

游戏练习是指通过做游戏对课程内容进行练习的一种方式。游戏可以激发学员对练习的兴趣，但也容易使学员过于关注游戏本身，而忽略了真正需要练习的内容。在设计游戏练习时，不仅要考虑到游戏本身的娱乐性，还要照顾到是否能够实现练习目标。

【实例48】"初级电话客服技巧提升"课程中的"游戏练习"设计

在"初级电话客服技巧提升"课程开发中，培训师借鉴了《中国好声音》的赛制形式，组织学员对所学知识和技巧进行练习。

游戏目标：

《中国好声音》是近年来非常火爆的一档娱乐选秀节目，这档选秀节目与普通节目的不同之处在于四位导师完全根据声音和唱功来选择自己战队的成员,这样的赛制让导师更加专注于音乐的本质,而忽略了其他的外在影响因素。在本次课程的练习中,我们就借鉴《中国好声音》的赛制形式,让学员通过游戏的方式,练习在为客户服务时需要掌握的声音和话术方面的技巧。

游戏人数:

不限。

所需时间:

30分钟。

游戏规则:

通过"客服好声音"的游戏,让学员体验在服务客户过程中声音和话术对客户的影响,并通过游戏让学员发现并总结自身在客服技巧方面的不足。

第一步,设计问题。每组学员根据实际工作情况,选取常见的客户问题作为游戏题目。

第二步,选定代表。每组选出两名代表,一名代表扮演客户,另一名代表扮演客服人员。用随机抽签的形式确定每组选手的出场顺序,其他学员作为评委留在自己的座位上。

第三步,宣布规则。培训师向代表和学员宣布本次游戏中的评审标准和规则。

第四步,开始游戏。在双方代表准备好后,培训师喊 Action（开始）,两名代表根据自身扮演的角色完成任务。

第五步,I Want You。所有在台下的学员背向代表,用听的方式判断代表展现出来的话术和声音是否能打动客户,是否符合服务标准。如果感觉满意,就可以选择向前转身。依此方法,完成所有组的游戏练习。

第六步,评比积分。每轮学员转身的人数将成为计分的依据,最终获得转身多的代表获胜。

第七步,学员互评。学员和代表分享在游戏中的感受和收获,并结合自己的工作实际提出改善性行动建议。

操作要点：

（1）每组游戏时间不超过10分钟；

（2）比赛前要讲清规则和注意事项，可以做一次模拟练习；

（3）计分统计环节可安排助教完成，培训师将更多的精力放在观察代表的服务细节上。

游戏总结：

（1）参照电话客服流程表检查代表的服务流程是否符合要求；

（2）依据客户服务自检表点评代表在声音和话术上的优点和不足。

6．演讲分享

演讲分享是指在指定主题范围内，邀请学员针对所学内容展开演讲的一种练习方式。这种练习方式多用于心态类课程。例如，在为某企业开发"员工精神"课程时，在课程内容讲授完成后，培训师邀请学员进行主题为"我心中的员工精神"的演讲，演讲时长为5分钟。演讲内容要结合企业对员工精神的要求和自身对员工精神的理解。在课程实施过程中，这部分内容成为整个课程的高潮，也让很多学员更好地理解了员工精神。

（二）课堂练习实施流程

培训课程的练习活动是依据"以终为始"的原则设计的，即课堂练习需要将学员现有的技能和期望达到的业绩目标进行有效关联。在通常情况下，培训师很清楚地了解这一点，但是，学员没有领会到这样的关联性。在设计课程时，为了让学员清楚地了解每个练习的重要性，培训师一般会按照图4-14中的五个步骤，带领学员完成练习。

| 阐述价值 | 讲解练习 | 组织练习 | 成果分享 | 评价反馈 |

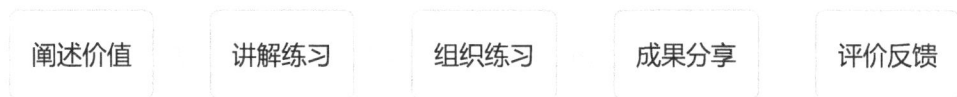

图 4-14　课堂练习实施流程

第一步,阐述价值。培训师在解决这个问题时,应站在学员的角度多考虑,而不仅仅是培训师的角度。只有培训师讲清"为什么学员要参与这个练习",学员才可能对接下来的练习产生兴趣。

第二步,讲解练习。培训师对练习的内容和流程做出详细的讲解,确保学员能够清晰地理解。

第三步,组织练习。组织练习包括三个要素:是否需要通过小组完成练习(小组成员分配)、完成练习的规则和完成练习所需的时间。

第四步,成果分享。分享本组在练习或活动中的收获和发现。在小组所有成员完成任务后,邀请每个小组分享他们的成果和启发,培训师进行点评并提供建议。

第五步,评价反馈。反馈是练习的关键环节。在设计练习时,培训师经常会忽略反馈这一环节。很多培训师在课堂上要么不反馈,要么反馈得不够深入,使得学员在练习中出现的的错误和偏差得不到有效的修正。

(三)将练习安排在培训的各个阶段

在设计实践练习时,培训师要让实践练习尽可能接近实际工作情况并且可操作。如果可能的话,所有的工作任务及子任务都应该被实践练习。在练习顺序的安排上,先让学员逐一练习整体任务的各项子任务,待学员对各项子任务掌握熟练后,再把各项子任务穿插起来练习整个任务操作(由局部到整体)。

培训师应把练习安排在培训课程的各个阶段,而不是将其集中在培训结束的时候。对于一个学习难度较高的技能,培训师在课程的早期阶段就要提及，并且用高频率的练习加以强化。对于复杂性较高的任务，培训师要将一个冗长的练习拆分成多个小的练习。在练习难易程度的安排上，总原则是先易后难。开始的练习要设计得尽可能简单一些、理想化一些，有利于激发学员参与的积极性。待学员对该技能的熟练程度逐步提高后，再将练习设计得更复杂、更接近实际工作的情况。

（四）比练习更有价值的是反馈

没有反馈的练习，就像在学校做完了一份模拟考题后，老师没有针对错题进行讲解一样。看不到结果的练习等于没有练习，如果只是敷衍了事，那么学员不但不会变好，而且会对好坏不再关心。在竞技体育的训练过程中，一个动作做得好与不好，最好有教练随时指出，运动员必须能够随时了解练习结果。在课堂教学中，反馈是对学习结果最有效的保障，反馈能够告诉学员他们的表现是否适当。从培训师的角度来看，反馈既有纠正作用，又有确认作用。反馈既能让学员改正错误，又能让学员了解是部分还是完全掌握了所学内容。对于简单任务，即时反馈能够帮助学员快速改善。对于学员认为较复杂的任务，延迟反馈会让学员更全面地看到自己的优点和不足，也能避免反馈太快造成短时记忆过载。

在反馈中加入适当的赞美和奖励，会让学员对反馈的内容产生好感。学员在取得学习成功时体会到的成就感，我们称为内在奖励。培训师还可以针对学员的表现给予实物奖励，如积分卡、小礼品等，这种实物奖励又被称为外在奖励。内在奖励与外在奖励都会让学员对所学的内容产生兴趣和好感，建议培训师运用二者结合的奖励方式。

二、推动转化，促发学以致用

我们在培训中学习了很多新知识和新技能，它们能够产生价值吗？能够为工作绩效的提升带来帮助吗？答案是不一定。因为只有这些所学的新知识和新技能被应用到工作实践中，且对组织和个人产生积极的作用，才能说学习是有价值的。

（一）稳定的能力才有价值

一项能力的获得，不是听了课就能够完成的，必须持续地训练，直到"能力的稳定点"为止，否则学了也是白学，一切归零。

在学习和工作中，我们经常讨论或亲身体验能力的稳定性。例如，在考试中超常发挥或大脑空白，在赛场上表现正常或出现失误等，这些都是由能力的稳定或不稳定造成的。所谓能力的稳定性，即在特定条件下，正确展现某种行为的时效性。能力的稳定性是我们判断能力提升、稳定和衰减的重要依据。能力的养成过程，如同逆水行舟，不进则退。这已经从认知心理学的干扰理论和记忆衰减理论那里得到佐证。能力的稳定点是能力稳定阶段和衰减阶段的分界点。"学而时习之"是常理，无论一门培训课程最初能给学员带来多大的动力，都难敌对改变的抵触和旧习惯的影响。忽视学员将所学内容转化为能力的动机，最终可能使学员回到培训前的行为模式上去。

一门培训课程的价值体现在有多少新知识和新技能可以被应用于实际工作中。未应用于实践的知识和技能好比没有种下的种子，永远也不会结出果实。因此，培训课程的设计不仅要传授知识和技能，还要确保知识和技能被用于工作实践中，从而实现其价值。

（二）重复是提升能力的前提

推进课后转化是促使学员从不会到会的过程，如何才能使学员从不会到会，秘诀就是重复！美国加利福尼亚州有一个"害羞诊所"，专门帮助那些不敢和异性说话的人克服害羞心理。这个诊所的心理学家们不相信心理暗示疗法和童年回忆，他们只相信练习。他们认为使人害羞的并不是事情本身，而是我们对事情的观点。怎么治疗恐女症？做法是设计各种不同难度的情境，从在房间内集体对话到直接跑到大街上找陌生美女搭讪，安排接受治疗者在一个疗程之内跟 130 个女人聊天。把不常见的高难度事件重复化的办法正是 MBA 课程的精髓。在商学院里，一个学生每周可能要面对 20 个真实发生过的商业案例，学生们首先自己研究怎么做出决策，提出解决方案，最后老师给出实际的结果并做点评。学习商业决策的最好办法不是观察老板每个月做两次决策，而是自己每周做 20 次的模拟决策。在军事学院的模拟战中，飞行员在计算机上模拟各种罕见的空中险情，也是重复训练。

德国心理学家艾宾浩斯研究发现，遗忘在学习之后立即开始，而且遗忘的速度并不是均匀的。在艾宾浩斯遗忘曲线中，如图 4-15 所示，最初遗忘速度很快，以后逐渐缓慢。在单独的讲授或示范类课程中，在课程结束后的 1 个月内，学员将忘记大部分学习的内容，所以更需要培训师在课后推动学员大量重复地使用所学内容来完成改变。

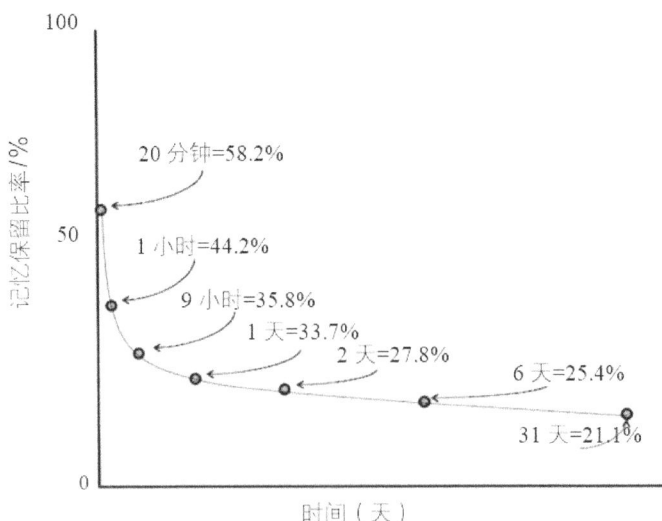

图 4-15　艾宾浩斯遗忘曲线

（三）课后实践必须设置在学习区

推动课后实践就是帮助学员进入学习区。如图 4-16 所示，心理学家把人的知识和技能分为层层嵌套的三个认知区域。最里面的一层是"舒适区"，是我们已经熟练掌握的各种知识和技能。舒适区内的活动包括以下内容。① 我们真正擅长的事情，即使它们是不相关的；② 我们以前做过的让自己获得成功的事情，即使它们现在不会让我们在新的工作中获得成功；③ 没有情感因素在内的事情，如常规事物性工作等；④ 并不是很重要的事情，即使我们没有做好这些事情，也没人会关心，甚至没人会注意。最外面的一层是"恐慌区"，是我们暂时无法学会的知识和技能。"舒适区"与"恐慌区"的中间是"学习区"。学习区的主要内容包括以下几项。① 具有高度的不确定性和模糊性的事情，如一个多家公司竞标的大项目；② 涉及人际冲突的事情，如处理表现不佳的团队成员；③ 以前没有做过的事情，这些事情往往具有挑战性，我们第一次尝试去做这些事情，可能会做不好；④ 做不好会引发不良后果的事情，这些事情可能是重要决定或重要项目。只有在学习区里练习，一个人才可能进步。有时为了更好地完成学习区的任务，还需要有一个好的老师或者教练，他们从旁观者的角度更能发现我们需要改进的地方。在一般情况下，这个老师或者教练就是培训师或者和学员一起工作的人。

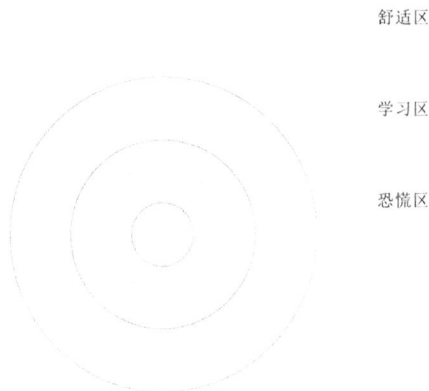

舒适区

学习区

恐慌区

图 4-16　三个认知区域

（四）推动课后转化常用的四种方法

分享所学内容。该方法的好处之一就是能够更大范围地传播培训内容。更重要的是，当学员在分享学习心得，或向他人教授所学到的知识时，其实他们正在进行神经心理学所称的"精细复述"的过程，这个过程使学员进一步巩固所学内容。经常做分享的人，不仅容易掌握所学内容，而且可以保持承诺的一致性。

定期提交报告。定期提交报告是另一种有效的学习转化方法，它要求学员回到工作场所后，定期递交阶段性报告，总结他们学以致用的体验。这种报告类似于个人或项目团队就业务进程所做的定期汇报。定期撰写学习报告，会帮助学员加强学以致用的主动性，他们会为了实现在学习项目中设定的目标而努力。培训部门需要做的就是通过邮件、微信群等方式定期提醒学员递交报告。

制作应用工具。很多时候，学员不愿在课后应用所学内容，原因在于新的知识或技能与原有的习惯显得不是很协调。正如在配套工具环节所分享的方法，可以利用工具表格、学习卡、流程图、操作手册等方式，降低学员使用新技能的难度。

明确监督反馈。对于技能类课程所教授的内容，还可以运用监督反馈的方法来促进学以致用。将学员在课程结束后期望改变的工作行为罗列出来，然后把它们填入"行为改善跟踪表"（见表4-11），让学员的领导、同事作为他的监督人和见证人，从而促使其尽快应用所学。

表 4-11　行为改善跟踪表

承诺人		课程名称	
改善周期		听课时间	
课程中的主要收获			
课程内容为组织带来的收益			

续表

回到工作岗位后立刻开展的行动	
阻碍课后应用的潜在障碍	应对计划
完成行动需要的支持	
衡量取得进步或最终达成结果的证据	

填写说明如下。

（1）课程中的主要收获。这个问题是对课程内容的客观回顾。要求学员根据所学内容和自己的实际需要有选择地填写，而不是照搬课程内容来填写。

（2）课程内容为组织带来的收益。这个问题在上一个问题的基础上完成，目的在于帮助学员厘清所学内容和组织需求之间的联系，进一步帮助学员选择最有价值的课后行动内容。

（3）回到工作岗位后立刻开展的行动。通过对前两个问题的回答，学员已经初步厘清课后需采取的行动是什么。这个问题让学员确定回到工作岗位后能够立刻开展哪些行动。

（4）阻碍课后应用的潜在障碍和应对计划。帮助学员预想在课后实践时将会遇到的困难，以及解决这些困难所能采取的行动，保障学员课后行动有更高的成功率。

（5）完成行动需要的支持。学员完成课后实践，需要来自组织或领导方面的哪些支持。

（6）衡量取得进步或最终达成结果的证据。运用多种监督和检查手段，促进学员的行为改变。常见的证据有：

① 过程中可体现此事的照片；

② 相关的邮件或者文件记录；

③ 来自上级的证明；

④ 来自员工的直接评价或反馈；

⑤ 相关的影像资料；

⑥ 行动中应用的表单或文案资料；

⑦ 其他人的证明材料；

⑧ 任何你认为可以证明此次行动或行动效果的证据。

本章回顾

下面是针对本章内容的要点回顾，请选出正确的答案。

（1）创设情境常用的六种方式是案例分析、讲述故事、角色扮演、游戏活动、提问引导、测试分析。（正确/错误）

（2）用于采集案例的 SPORT 模型的要素分别是背景（Situation）、问题（Problem）、细节（Option）、结果（Result）、思考（Think）。（正确/错误）

（3）在做案例分析时，需要熟悉案例、分析讨论、结果分享、_____四个步骤。（总结升华/记录总结）

（4）好故事的三个要素是意外、____、情感。（剧情/具体）

（5）在设计角色扮演时，培训师要考虑任务背景、任务目标、任务规则、_____、点评要点五方面的要求。（操作要点/任务结果）

（6）在运用提问引导时，有直接提问、创设情境式提问、_____三种方式。（互动式提问/递进式提问）

（7）引导学员讨论、反思的活动有小组讨论、邻座探讨、团队列名、鱼缸式讨论、分组辩论。（正确/错误）

（8）为促使学员消化、吸收新学到的内容，培训师可以用形象比喻、举例说明、_____、用图说话四种方式。（分类比较/归类汇总）

（9）常用的课堂练习方式有课堂测验、案例分析、角色扮演、实操练习、游戏练习、演讲分享。（正确/错误）

（10）推动课后转化常用的四种方法是_____、定期提交报告、制作应用工具、明确监督反馈。（分享所学内容/抄写重点内容）

参考答案

（1）正确

（2）正确

（3）总结升华

（4）具体

（5）操作要点

（6）递进式提问

（7）正确

（8）分类比较

（9）正确

（10）分享所学内容

第五章

优化成果促精品

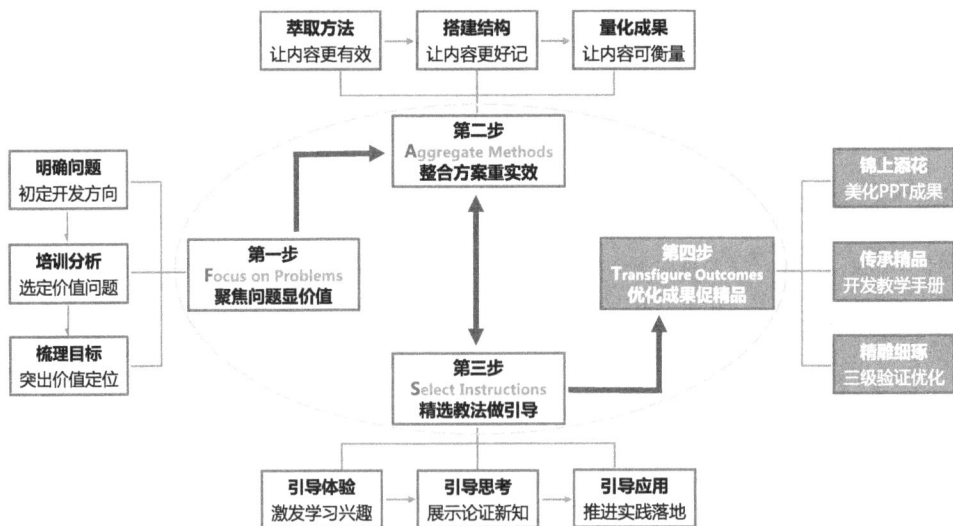

萃取方法 让内容更有效	搭建结构 让内容更好记	量化成果 让内容可衡量

第二步
Aggregate Methods
整合方案重实效

明确问题 初定开发方向
培训分析 选定价值问题
梳理目标 突出价值定位

第一步
Focus on Problems
聚焦问题显价值

第四步
Transfigure Outcomes
优化成果促精品

锦上添花 美化PPT成果
传承精品 开发教学手册
精雕细琢 三级验证优化

第三步
Select Instructions
精选教法做引导

引导体验 激发学习兴趣	引导思考 展示论证新知	引导应用 推进实践落地

经过前三步的努力，我们已经取得了 FAST 高效课程开发的基本成果。本章的目标是针对前期开发的成果进行优化，为开发出精品课程把好最后一道关。优化将通过三个方面进行。首先，对 PPT 开发成果进行优化，使其更加美观和突出课程核心内容。其次，编写讲师手册和学员手册，让优秀的课程开发成果得以广泛传承。最后，通过自我、专家和学员三个层级的验证，全面评估与优化开发成果。

第一节　锦上添花——美化 PPT 成果

PPT 课件有四大功效。① 展示核心内容。在 PPT 课件上展示的内容应该是你要演讲或分享的内容的关键点。如果把 PPT 课件当成提词器，就彻底搞错了 PPT 课件的功能。② 提高授课效率。培训师每分钟能讲 200~300 字，也就是说，20 分钟的课程在容量上相当于一篇本科论文。如果没有 PPT 课件作为辅助学员记忆的工具，那么授课效率和学习效果将大打折扣。③ 导航课程位置。PPT 课件能提示课程进行到什么位置，以及课程的前后内容是什么，帮助学员更系统地理解所学内容。④ 提示课堂活动。在课堂上，培训师可以将各种课堂活动的操作规则、注意事项和讨论问题等列在 PPT 课件上，便于在活动过程中对学员进行随时提示。

为了制作出优秀的 PPT 课件，可以从六个方面进行优化。

一、内容准确精练

内容是 PPT 课件的核心，也是 PPT 课件的灵魂。在选择内容时要做到避免杂乱、重点突出、言简意赅、具体明确，没有必要把要讲的所有内容都放在 PPT

课件上。不要在 PPT 课件上放置与课程无关的内容，同时每页 PPT 的内容与标题要保持一致。

（一）标题要言简意赅

页面标题是指除封面标题外的每个 PPT 页面上的标题。页面标题是 PPT 页面上"最贵的广告位"，是整个页面的画龙点睛之处。页面标题容易出现三个常见的问题：没有观点，观点与内容脱节，观点缺乏提炼。

1. 标题可以是页面内容的概述

图 5-1 中左侧 PPT 页面的标题为"会议管理"，从 PPT 的页面内容中可以看出标题表达的内容要远远多于页面想表达的内容。经过优化后，图 5-1 中右侧 PPT 页面的标题为页面内容的概述——"会议纪要与会议记录的区别"。这样的修改为学员快速了解 PPT 的内容减少了很多障碍。

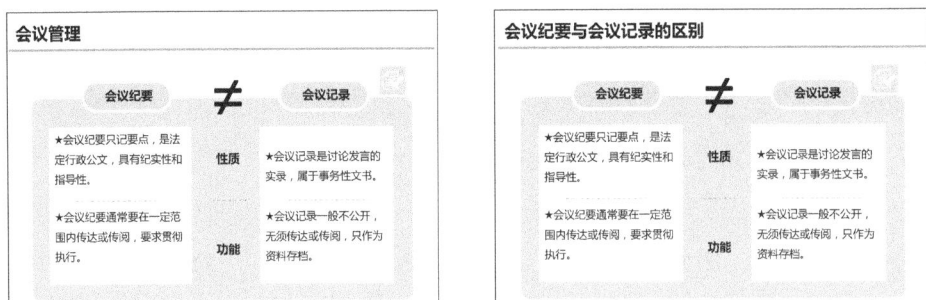

图 5-1　标题是页面内容的概述

2. 标题可以是页面内容论证的观点

标题还可以是 PPT 页面所要表达的观点或者结论。从图 5-2 中可以看到，左侧 PPT 页面的标题是该页面内容的概述——"团队目标的关键"，右侧 PPT 页面的标题是培训师在这一页表达的观点——"准确领会和有效分解是实现团队目标的关键"。学员通过阅读标题就可以清楚地了解培训师想在这一页传递怎样的信息，接下来他们可以留出更多的时间和精力，来理解、消化培训师关于这个观点所阐述的论据。

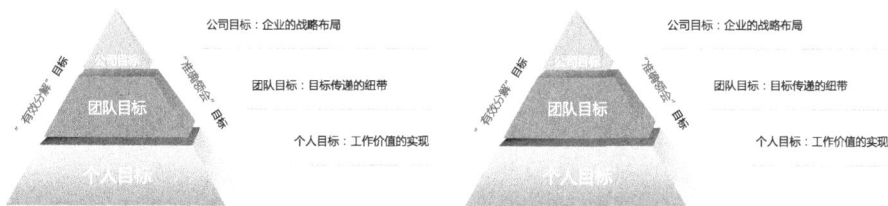

图 5-2　标题是页面内容论证的观点

（二）内容要短小精干

在过去多年的课程开发教学中，笔者见过很多培训师怕自己忘词，担心自己讲错，因此将所要讲授的内容全部放在 PPT 上，如图 5-3 所示。首先我们来看 PowerPoint 这个单词的含义，其中 Power 是"力量"的意思，Point 是"点"的意思，合起来就是"有力量的点"。如果学员看到 PPT 页面上全都是文字，不要说找到有力量的点了，甚至可能培训师讲完了该页面的内容，学员还没有读完。作为课程设计者或者课件的制作者，需要做的是拆分 PPT 页面中混乱的内容，删除多余的描述性文字，进而突出需要被表现的那个"有力量的点"。

图 5-3　"三种常见谈判僵局" PPT 原稿

第一步：拆

拆分大段文字内容，使其变成有段落、有结构、有逻辑的内容，如图5-4所示。

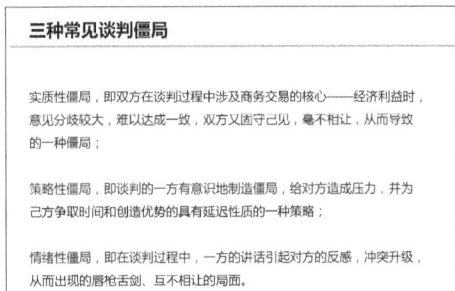

图5-4 第一步：拆

第二步：删

删除多余的文字内容，留下必要的内容。只要不影响内容的理解，页面内容越少，重点越突出，如图5-5所示。

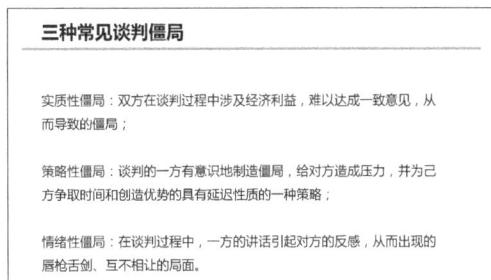

图5-5 第二步：删

第三步：突

突出要表达的核心关键词。为了实现突出的效果，图5-6左侧的PPT页面运用不同的字体、颜色和字号来凸显核心内容。为了更加突出关键内容，图5-6右侧的PPT页面将描述性文字放入PPT的备注中。这样在演示PPT的时候，学员只需记住"实质性僵局""策略性僵局""情绪性僵局"三个核心关键词即可。至于详细的内容和解释，学员需要认真聆听培训师的讲授。

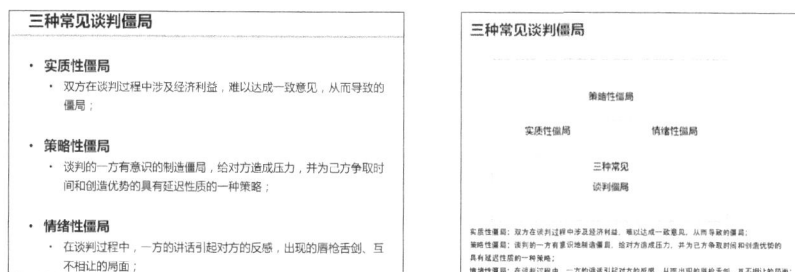

图 5-6　第三步：突

二、排版整齐骨感

如果把标题和内容比喻成 PPT 课件的"肉"，那么整齐的排版就是 PPT 课件的"骨干"，只有骨肉都健康，整个 PPT 课件看起来才健康。在平面设计的众多原则里，对齐是非常重要的原则之一。大多数 PPT 课件之所以显得不好看或不耐看，是因为没有按照规则对齐 PPT 课件中的内容。

1. 图文对齐是基础

优秀的培训师总能找到 PPT 页面中那条隐藏的对齐线。常见的对齐方式有左对齐、右对齐和居中对齐，如图 5-7 所示。

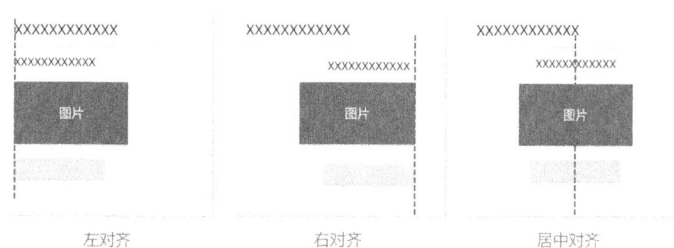

图 5-7　常见的对齐方式

2. 段落对齐更美观

当 PPT 页面中有多段文字时，段落对齐是很有必要的。图 5-8 中的两个页面都包含了三项内容，每项内容各占一小段，并且左对齐，这些都很好。可为什么右侧的页面看着比左侧的页面舒服呢？区别在于在右侧的页面中，三段文字的段落间距是一样的，这就是段落对齐。

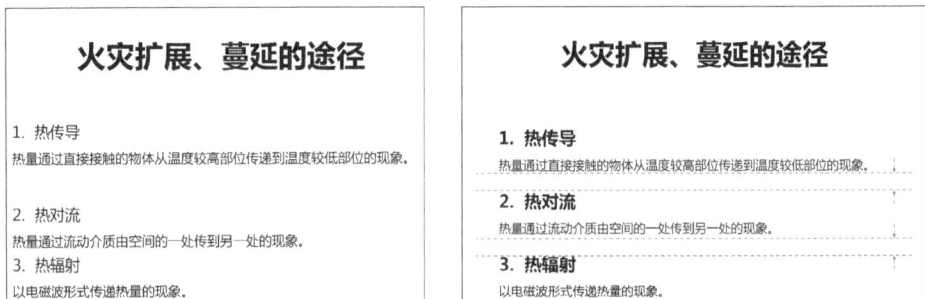

图 5-8　段落对齐

三、图文配合到位

在为 PPT 课件配图时，要求图片内容必须与 PPT 课件传递的观点保持一致。在 PPT 课件中配图是为了让学员从感性角度对 PPT 页面中讲授的内容或观点有更多的认识。从左右脑的分工来看，课程中的概念和方法属于偏左脑的逻辑性内容，而图片属于偏右脑的图像化内容。这样的配合能够帮助学员更好地理解和记忆内容，如图 5-9 所示。

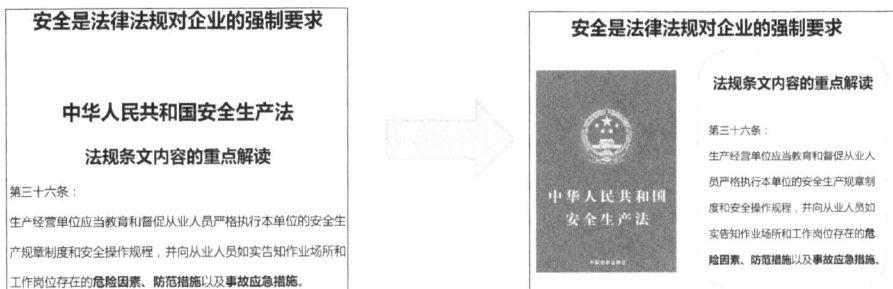

图 5-9　图文配合到位

在为 PPT 课件配图时，实景图的效果好过剪贴画。在 PPT 的选图方面，

Microsoft Office 自带了很多剪贴画，但由于这样的剪贴画大多是卡通图像，所以在为成年人开发的课程中，不建议经常使用。同时，剪贴画一般都经过了抽象处理，连接学员已有经验的效果不是很好，如图 5-10 所示。

图 5-10 实景图 vs 剪贴画

图片从哪里来？百度图片（image.baidu.com），品类繁多，质量杂。昵图网（www.nipic.com）、素材中国（www.sccnn.com），海量图片质量高。全景网（www.quanjing.com），商务高清图片，格调高。

四、图形逻辑清晰

SmartArt 图形是信息和观点的视觉化表达形式。SmartArt 图形工具让 PPT 内容看起来更简洁、生动、具有逻辑性。SmartArt 图形工具有 80 余套图形模板，我们利用这些图形模板可以设计出各式各样的专业图形。我们可以通过多种布局创建 SmartArt 图形，从而快速、轻松、有效地传达信息。用好 SmartArt 图形工具，可以让课程内容的表达更有力。

如图 5-11 所示，SmartArt 图形工具为使用者设计了几乎所有的逻辑关系（列表、流程、循环、层次结构、关系、矩阵、棱锥图、图片）以及和逻辑关系对应的图表类型。我们首先需要做的是判断文字的逻辑关系，这是第一步，也是最关键的一步，如果逻辑关系错了，后面的所有设计就会错上加错。其次，选择对应图表。这一步你需要根据文字内容，选择最能体现观点和便于学员理解的图表。最后，美化图表。为了使图表看起来更简洁、美观，我们当然要提炼文字。

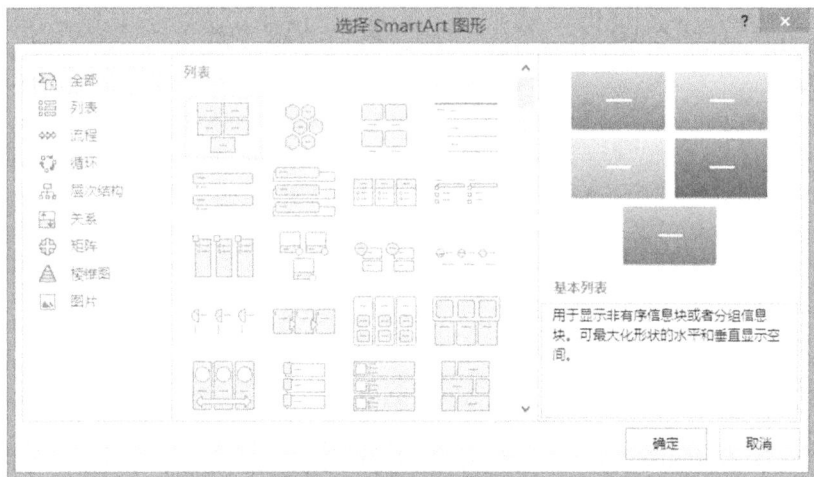

图 5-11　SmartArt 图形工具

【实例 49】"完美大客户关系营造"课程中的 SmartArt 图形设计

"完美大客户关系营造"课程解决的是一年以上销售人员在产品销售过程中，由于客户维护不到位而造成的丢单问题，取得提升客户购买率和转介绍率的结果。在这门课程中，培训师将大客户关系营造分为挖掘需求、充分准备、创造机会和赢得信任四步。运用 SmartArt 图形工具对该课程设计的步骤如下。

第一步：判断逻辑关系

第一步是从列表、流程、循环、层次结构、关系、矩阵、棱锥图、图片中选择需要的逻辑关系，如图 5-12 所示。

1. 挖掘需求

2. 充分准备

3. 创造机会

4. 赢得信任

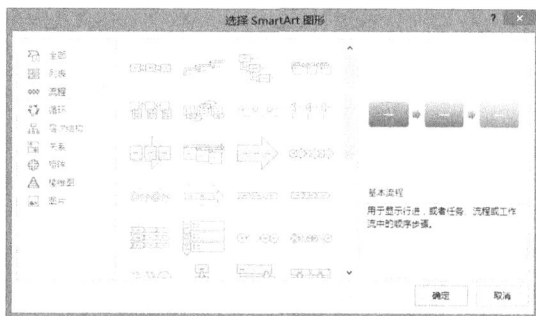

图 5-12　判断逻辑关系

第二步：选择对应图表

第二步是从 SmartArt 图形工具中选择能够清晰表达内容逻辑的图形。确认好了逻辑关系，选好具体图表，单击"确定"按钮，一个 SmartArt 图表就基本完成了。图 5-13 列出了三个不同逻辑关系的图表，最终选择哪一种，要根据课程内容之间的逻辑关系和呈现效果而定。

图 5-13　选择对应图表

第三步：美化图表

第三步是让图表变得更好看。SmartArt 图形工具为使用者系统地提供了一些方案，我们只要单击几下鼠标就可以。操作方法如图 5-14 所示，双击选中的图表，根据 PPT 的整体风格和配色选择需要的颜色和样式。

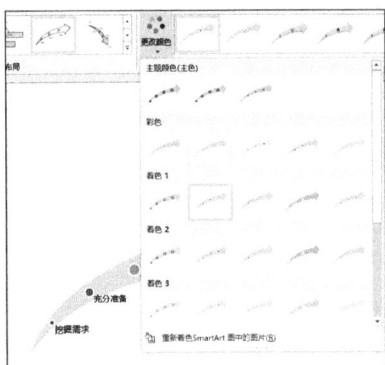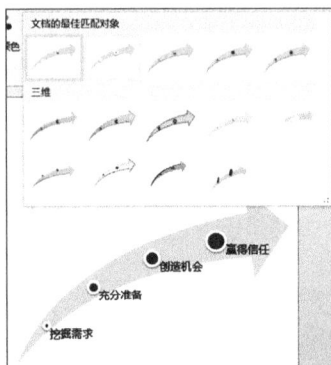

更改颜色　　　　　　　　　　　　　　**更改样式**

图 5-14　美化图表

考虑到不同版本 PPT 的兼容性，你也可以将 SmartArt 图形转换为形状。操作方式如图 5-15 所示，在 SmartArt 图形上单击鼠标右键，选择"转换为形状"。这样不管是什么版本的 PPT，都能展现相同样式的图形。

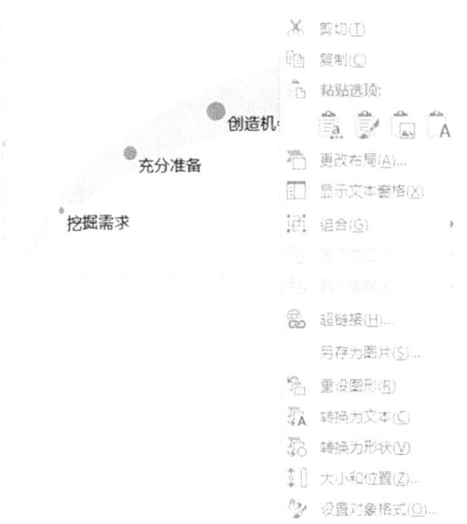

图 5-15　将 SmartArt 图形转换为形状

五、动画简洁流畅

1．动画使用不宜过多

很多培训师为了突显自己制作 PPT 课件的能力，经常在设计 PPT 课件的过程中添加大量动画。这样的做法看起来可能不错，可实际的效果是这样吗？首先我们要知道 PPT 课件的主体是什么。是课程内容。如果在 PPT 课件的设计中运用了大量动画，那么会不可避免地干扰学员对课程内容的关注，也可能影响培训师在课堂上的展现力，甚至有的时候动画效果会让学员错过重要的内容。

2．动画有时必不可少

在上文中，笔者建议各位培训师减少使用动画，但是这不代表动画没有价值。在设计 PPT 课件时，动画一般被用在三个方面。第一，展示流程。涉及步骤、流程、阶段的内容可以通过动画来逐条显示。第二，提问思考。有时一个 PPT 页面既包含对学员提出的问题，又包含对这个问题的答案。如果没有动画效果，就需要多做出一页 PPT，这样会使 PPT 页面变得冗杂。第三，突出重点。在 PPT 动画中，有一种效果是"强调"，它通过改变文字的颜色或放大文字来引起学员的关注，从而达到突出课程重点的目的。

六、导航排列有序

如果一门课程所传递的信息量过大，就容易造成信息过载。也就是说，即使培训师讲得再好，学员也无法接收。导航的目的是帮助学员降低信息过载的风险，让学员时刻知道自己处在课程中的哪个环节，以及这个环节的前后内容分别是什么。导航分为单一导航和组合导航。对于授课内容前后顺序相对简单的课程，单一导航就能满足需要。如图 5-16 所示，在页面一、页面二、页面三、页面四中，导航条分别被放置在 PPT 页面中的上、下、右、左四个位置。关于导航条应该放在哪里，没有一个固定的答案，在一般情况下根据 PPT 课件的设计风格和页面内容来决定。对于授课内容比较复杂、大的流程框架下还包含流程或并列元素的 PPT 课件，可以用组合导航来展示课程所在位置，如图 5-17 所示。

页面一

页面二

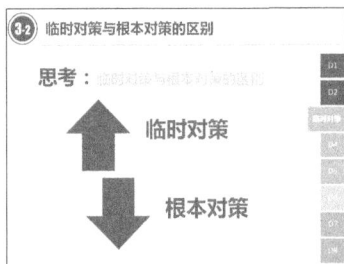

页面三

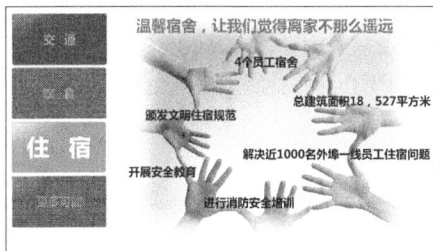

页面四

图 5-16　单一导航

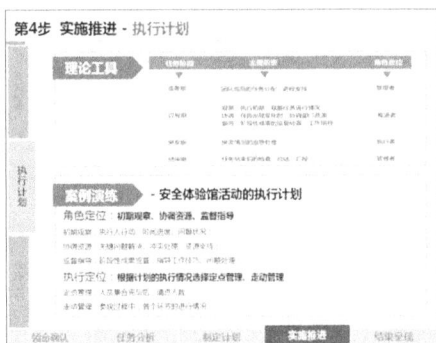

图 5-17　组合导航

第二节　传承精品——开发教学手册

开发出优秀的课程是一门艺术，也是一项技术。说它是艺术，是因为由于课程设计者的不同，相同的课题可以开发出不同的效果。说它是技术，是因为无论谁开发的课程，只有经过不断的完善和优化才可能成为精品。关于艺术的部分，我们这里不做讨论。技术的部分则是本节将要讨论的重点话题。本节通过编写讲师手册，将课程的开发背景、课程简介、教学计划、授课流程和授课要点等形成文字资料，供培训师不断完善和优化课程时使用。学员手册的制作目的是方便学员在课堂上更快速地理解课程内容、完成课程练习和课后应用。讲师手册和学员手册是 PPT 课件的深化和外延，也是完成教学的"指挥棒"和"指路牌"。

一、讲师手册，记述课程要点和授课流程

讲师手册是培训师授课的"指挥棒"。它不仅包含课程的基本介绍，还包含课程的授课方式和授课要点。无论是培训师、学员、业务专家，还是公司领导，都能够通过阅读讲师手册对课程内容、实施流程和讲授要点有深入的了解。

（一）讲师手册的四个功能

介绍课程概要。介绍课程的开发背景、主要的授课对象和授课形式，以及希望达到的课程目标等。

预演授课流程。记录每页 PPT 的教学方法、预计用时和应该注意的事项等。

记录讲授要点。介绍每页 PPT 的教学目标是什么、课程内容应该如何讲

授、课堂练习或活动如何组织实施，以及针对这些内容有哪些扩展资料供培训师使用。

优化完善课程。 记录课程中的问题和改善点，促进课程的不断迭代更新。

（二）如何编写讲师手册

讲师手册一般包含七项内容，分别是课程背景、课程简介、课程大纲、授课计划、实施要求、授课要点和附录。

1．课程背景

课程背景介绍课程开发的背景信息和课程解决的主要问题。课程背景包含四个要素，分别是情景（Situation，S）、冲突（Conflict，C）、疑问（Question，Q）和回答（Answer，A）。情景是指课程开发的大背景；冲突是指在这个大背景下出现了的问题和冲突；疑问是引出问题，"面对上述问题和冲突，应该如何解决"；回答是引出课程，即这门课程要解决的问题和达成的目标。

【实例50】"三思而后行——360°职场沟通"课程的讲师手册

1）课程背景

良好的沟通是企业运营的润滑剂，它决定了企业的运行效率。在企业的运营过程中，有些人能够自如地应对周围的环境，与人建立融洽的关系，有些人却因为沟通不力而阻碍了企业的运营和发展。（**情景**）

这些沟通不力的人在沟通中经常出现如下问题：

（1）自认为讲得很有道理，但别人不能接受；

（2）自己说的话别人不喜欢听或听不明白；

（3）不知如何与同事建立良好的合作关系；

（4）……

以上这些沟通障碍无处不在，可能存在于企业内部各部门之间、管理者和下属之间、员工与员工之间，也可能存在于企业外部沟通的各个方面。（冲突）如何才能改善这种沟通现状呢？（疑问）"三思而后行——360°职场沟通"课程旨在解决基层员工和基层管理者在工作沟通过程中，由于心智干扰和使用沟通方式不当而造成的沟通氛围不和谐、沟通效率低的问题，取得员工能够针对不同行为特点和沟通需求选取不同的沟通方式，实现和谐沟通的结果。（回答）

2．课程简介

课程简介是课程的基本介绍，包括课程名称、授课时长、授课对象、最佳人数、授课方式和课程目标等。

- **课程名称**：课程名称是什么。

- **授课时长**：课程讲授完成所需要的时间，计时单位为小时。一天的课程为6~7小时，半天的课程为3~4小时。

- **授课对象**：谁是该课程的目标人群或潜在受训者。

- **最佳人数**：课程实施时适合听课的人数。一般建议课堂学习以分组的形式进行，为了便于开展教学互动，每组5~7人比较合适。

- **授课方式**：课程中所用到的主要教学方式。

- **课程目标**：通过学习此课程，学员能够在课堂上表现出的行为或结果，也就是我们之前讲到的"课堂表现性目标"。

2）课程简介（见表5-1）

表5-1 "三思而后行——360°职场沟通"课程简介

课程名称	三思而后行——360° 职场沟通	授课时长（小时）	7
授课对象	基层员工、基层管理者	最佳人数（人）	25～35
授课方式	讲授、分组讨论、案例分析、角色扮演等		
课程目标			

经过培训后，学员能够掌握以下技能和要点：

（1）运用 DISC 性格分类的理论，准确判断给定案例中各角色的行为风格

（2）在给出任务背景的情况下，能够运用"三思而后行"沟通行为五步法在2分钟内清晰表达自己的观点

（3）在不查阅教材的前提下，在5分钟内解释"三思而后行"沟通行为五步法中每个步骤的动作和技巧

3．课程大纲

培训师和学员通过阅读课程大纲，能够快速地了解课程的核心内容和主要教学方式。为了更好地阐述课程大纲中每部分讲授的内容，建议培训师用文字的形式对每部分教学内容和教学过程做简单说明。

3）课程大纲

引言：认知职场人际沟通

说明：职场人际沟通能力是职场人必备的重要技能之一。本部分内容揭示了职场人际沟通的两项基本任务是"维护情感"和"达成目标"，并通过解析职场沟通的"三思而后行"模型，建立本课程的学习地图。

视频案例：一次失败的沟通。

讨论：什么是有效的职场人际沟通？

讲授：职场人际沟通需要"三思而后行"。

第一部分：拆掉沟通中的"三"堵心墙

说明：沟通中最大的问题来源于自己的心智模式，先入为主、投射效应、循环证实这三堵心墙是造成职场中沟通障碍的主要因素。拆掉这三堵心墙不仅需要恰当的方法，而且需要由内而外进行改变的勇气。

案例分析：沟通中的障碍。

讲授：拆掉沟通中的三堵心墙。

心墙一：先入为主。

心墙二：投射效应。

心墙三：循环证实。

案例分析：他的"心墙"是什么？

第二部分：识别"四"种典型沟通风格

说明：不同的行为风格会有不同的沟通方式，良好的沟通首先要洞见自己的行为风格，然后理解他人的行为风格，最终接纳和认同他人与自身不同的沟通风格。正所谓好的沟通不是"己所不欲，勿施于人"，而是"人之所欲，吾将给之"。

游戏：行为透露你的秘密。

现场测评：沟通风格自我测评。

讲授：沟通的四种典型风格。

（1）行为类型——支配力从强到弱。

（2）情感类型——从内向到外向。

（3）解读四种典型沟通风格：力量型、活泼型、和平型、完美型。

分组讨论：为什么我们不一样？

第三部分：选择因人"而"异的沟通方式

说明：要营造良好的沟通氛围，首先要因人而异地选择沟通方式。良好的沟通氛围，不仅有助于达成目标，而且能够维护情感。如何与沟通者在思维方式和表达方式上同频，是和谐沟通的重点。

案例分析：我该怎么办？

讲授：因人而异的沟通方式。

（1）因人而异的心理学原理。

（2）如何满足不同行为风格的沟通需求？

- 与力量型的人一起行动，讲究效率和积极务实。
- 与活泼型的人一起快乐，表现出对他们个人有兴趣。
- 与和平型的人一起轻松，使自己成为一个热心、真诚的人。
- 与完美型的人一起统筹，做事要周到精细、准备充分。

角色扮演：模仿与感受。

第四部分："候"时发问，探听真实需求

说明：沟通不仅需要在行为方式上彼此理解，还需要在沟通内容上彼此同步。沟通是一个双向连接的过程，为了实现彼此同步，有效倾听和适时发问是确认理解对方表达的观点和排除沟通异议的关键动作。这部分解决的两个问题是如何听才能理解对方的表达和如何问才能排除沟通中的异议。

游戏：你听对了吗？

讲授：如何做到有效倾听和适时发问？

（1）有效倾听，确认理解。

- 倾听时常犯的错误。
- 积极倾听的技巧。

（2）适时发问，排除异议。

- 提问的价值。

- 深入提问的方法和技巧。

实操练习：互动式沟通。

第五部分："行"之有效的表达

说明：行之有效的表达是由明确的沟通目标和清晰的观点表达组成的，如何用简短的语言表达对方能理解的观点和思想，是这一部分重点解决的问题。

视频案例：一句话的事儿。

分组讨论：如何说更容易让人理解？

讲授：清晰明确地表达观点的方法。

（1）明确沟通目标。

- 明确沟通目标需要结论先行。
- 如何做到结论先行？

（2）清晰表达观点。

- 表达的结构。
- 表达的逻辑。

游戏练习："三思而后行"五宫格。

4．授课计划

授课计划是开展教学活动的实施指南，是帮助培训师顺利完成授课的工具。授课计划由呈现什么内容（PPT 页码、内容大纲）和如何呈现这些内容（教学方式、用时）两部分组成。授课计划的详细程度取决于培训师自身的经验，培训师的经验越不足，制订的授课计划应该越详细。

4）授课计划（见表5-2）

表5-2 "三思而后行——360°职场沟通"课程的授课计划

PPT页码	内容大纲	教学方式	用时（分钟）
开篇	讲师介绍	讲授	2
	课程目标	讲授	3
	团队建设	互动进行	5
1	封面：三思而后行——360°职场沟通		
2	引言：认知职场人际沟通	本章时间	25
3	一次失败的沟通	案例分析	5
4	什么是有效的职场人际沟通	邻座探讨	5
5	建立"三思而后行"沟通思维方式	讲授	10
6	"三思而后行"沟通行为五步法	讲授	3
7	简单练习：1秒钟回答	提问	2
8	第一部分：拆掉沟通中的"三"堵心墙	本章时间	45
9	沟通中的障碍	案例分析	5
10	左右不同	提问	3
11	心墙一：先入为主	讲授	5
12	管中窥豹	视频案例	4
13	心墙二：投射效应	讲授	5
14	失斧疑邻	视频案例	3
15	心墙三：循环证实	讲授	5
16	练习：他的"心墙"是什么	案例分析	15
17	第二部分：识别"四"种典型沟通风格	……	……
……			

5．实施要求

实施要求是指课程实施对培训的场所、环境、设备和物资等的具体要求。

（1）对教室大小、桌椅摆放、培训教室如何分隔的要求，如果有必要，可以提前设计好布置培训教室的平面图。

（2）所需要的视听设备及培训耗材的准备，如投影仪、订书机、胶布、白板纸等。

（3）培训师和学员所需要的参考材料的准备，如讲师 PPT、学员手册、散页资料等。

6．授课要点

授课要点是讲师手册的核心部分。授课要点包含三部分内容，分别是基本信息、讲授要点和扩展信息，具体内容如表 5-3 所示。

（1）基本信息。

- 章节是记录当前 PPT 页面位于整个课程的哪个位置。
- "页码：标题"是指当前 PPT 页面的页码编号和标题内容。
- 时间是讲授当前 PPT 页面的内容所需要的时长。
- 授课方式是指讲授当前 PPT 页面内容使用的主要方式。

（2）讲授要点。

- 本页教学目标。讲授当前 PPT 页面内容需要达成什么教学目标。培训师需要思考并在每页 PPT 上记录此项内容。
- 本页注意点。在讲授当前 PPT 的页面内容时，有哪些讲解要点和需要特别注意的事项。将此点单独写出来的目的是让培训师能够快速看到当前 PPT 页面内容的讲解重点和难点。培训师根据实际填写本页注意点即可，并不需要每页都填写。
- 授课内容。

引入：如何承接上一页 PPT 的内容。

讲述：当前 PPT 页面需要包括哪些内容。记录方式分为概述版和话术版两种。概述版只需列出讲授当前 PPT 页面内容的要点信息即可，不需要写出每句话应该如何说。话术版是对如何讲授当前 PPT 页面内容的每句话做详细记录，可以说是培训师授课的原话重现。对于一般的培训师，概述版即可满足授课提示的需要；对于基础较弱的培训师，需要将授课的全部内容记录到讲师手册中。

总结：总结当前 PPT 的页面内容，引出下一页 PPT 的内容。

（3）扩展信息。

扩展信息包含扩展资料和备注两部分内容。扩展资料是与当前 PPT 页面有关的信息，可以根据学员特点和授课时间有选择地讲授。备注记录了更多的扩展资料应该如何获取。例如，可以在备注处标明当前 PPT 页面扩展资料所在的相关网址，也可以标记扩展资料在附录中的第几项。

5）授课要点（见表 5-3）

表 5-3　"三思而后行——360°职场沟通"课程的授课要点

章节	第二部分：拆掉沟通中的"三"堵心墙	
页码：标题	11：心墙一：先入为主	
时间 5 分钟 授课方式 讲授		【本页教学目标】 通过案例讲解，让学员理解拆除"先入为主"心墙的方法 【本页注意点】 可结合课堂现场实际，让学员分享自己关于先入为主的实例，从而引起其他学员的共鸣
章节	第二部分：拆掉沟通中的"三"堵心墙	

【授课内容】

引入：

（1）通过提问引导学员回顾在日常生活中是否存在类似先入为主的经历

（2）举例

① 看见一个人一脸严肃，就判断他可能不好相处，对人苛刻

续表

② 一听到领导要来，就开始觉得很紧张，不知道如何才好，这些都是先入为主的情况

讲述：

首先改变自己，根据客观线索而不是个人经验评价他人

"先入为主"实际上是一种主观的预测，而这样一种预测可能对，也可能不对

总结：

想要和他人更加有效地沟通，从自身而言，我们就不能先给自己设定"先入为主"的思维定式

【扩展资料】

在心理学中，先入为主也叫"首因效应"，是在短时间内以片面的资料为依据形成的印象。心理学研究发现，我们与一个人初次会面，在 45 秒钟内就能产生第一印象。这个最初印象会对人的社会知觉产生较强的影响，并且在对方的头脑中形成并占据着主导地位

【备注】

可通过 http://baike.baidu.com/查询首因效应

7. 附录

附录是与课程内容相关的补充资料。

⚠ **注意事项　编写讲师手册**

- 讲师手册要充分体现出课程设计的整体内容和专业度。

- 对于讲师手册的页码编排，建议采用章节数字加页码数字的格式。例如，第 1 章第 10 页，页码编写为"1-10"。

- 讲师手册的主体只需要列出在培训中实际用到的内容，更多的参考性材料均可放在附录中。

- 讲师手册的排版要清楚、整洁。如果手册的页数很多，可建立一个索引。

二、学员手册，引导课堂学习和课后应用

学员手册是指导学员在课堂上学习课程内容以及在工作中进行工作实践的参考资料。

（一）学员手册的四个功能

了解课程内容。学员手册一般在课程实施前发给学员。通过对学员手册的阅读，学员可以了解这门课程的开发背景、课程目标和主要的授课方式等，能够在课程开始前连接更多的已有经验，对课程产生兴趣。

引导课堂学习。在课程实施过程中，培训师会通过讲授、现场示范、视频等教学方式呈现课程内容。学员手册是提供给学员记录课程内容和学习心得的一个载体，同时也可以帮助学员了解当前内容与前后内容之间的关系。

展示练习内容。一般情况下，课程的练习内容会呈现在学员手册中，方便学员在课堂练习时使用。有时由于特殊的教学设计，也可以将发放的散页作为补充练习资料。

推进课后应用。学员手册除了能够引导学员在课堂上学习，还可以成为学员课后复习和应用的工具。有时培训师会将课后应用工具和课程的扩展阅读资料也放入学员手册中，以此督促学员在工作中应用所学内容。

（二）如何编写学员手册

学员手册主要包括课程背景、课程简介、课程内容、课堂练习、散页资料和附录等。

1．课程背景

与讲师手册相同。

2．课程简介

与讲师手册相同。

3．课程内容

课程内容为学员提供课程中所讲授的关键内容，帮助学员理解不同内容之间的关系。它通过视觉化地表达关键内容，帮助学员跟上学习进度。科学研究表明，学员接受知识的速度是培训师讲课速度的 3～7 倍，学员手册可以将学员的注意力与课程内容重新连接起来。课程内容的呈现方式分为影印版和引导版。

影印版。如图 5-18 所示，影印版课程内容由课程 PPT 文件直接打印而成。这种方式操作简单，被很多培训师广泛使用。

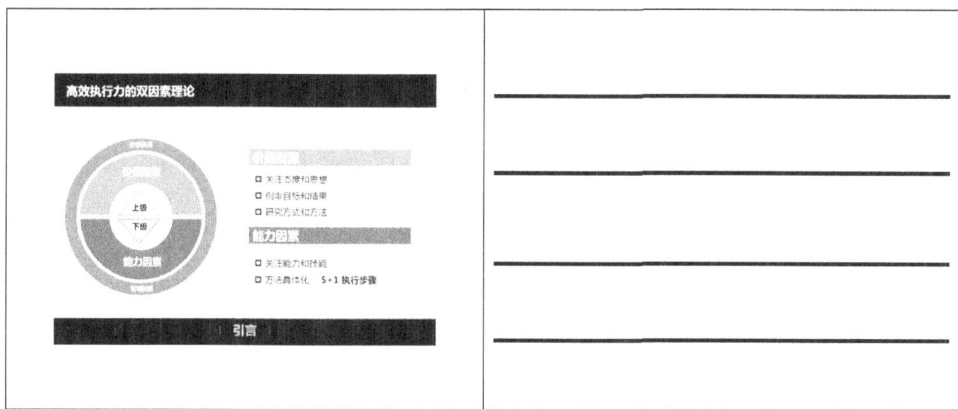

图 5-18　影印版课程内容

引导版。引导版课程内容是根据授课内容和讲授方式，来重新编排学员手册的内容，这种方式能够更好地引导学员记录和阅读。图 5-19 所示是 "高效执行 5+1" 课程中的 PPT 原稿和编辑后的课程内容。在这个案例中，培训师保留了 PPT 中的核心逻辑，删除了 PPT 中的部分文字内容，并针对学员的记录习惯重新排序。在课堂上，学员只有完成空白处的填写，才算掌握课程的核心内容。

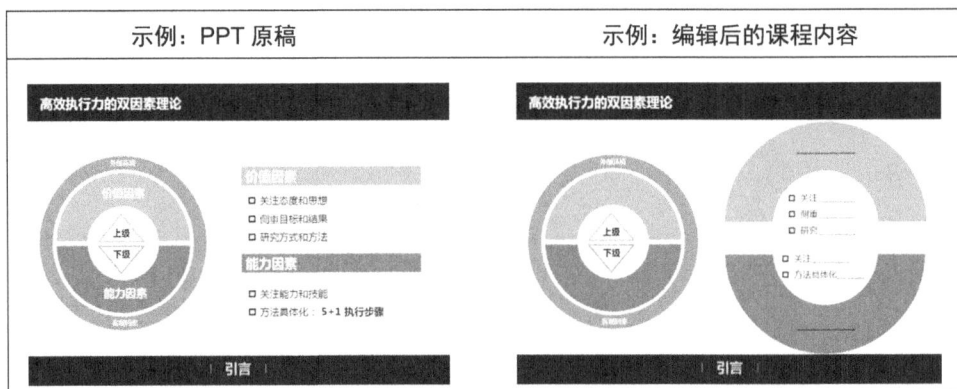

图 5-19　"高效执行 5+1"课程中的 PPT 原稿和编辑后的课程内容

4．课堂练习

学员需要在课堂上完成的练习，如课堂测验、案例分析、游戏等。

5．散页资料

散页资料是培训材料的一个补充。当课程内容具备以下特点时，最好使用散页资料：

- 在工作中不经常用到；
- 学习难度比较高；
- 内容非常重要。

为每份散页资料命名，并在资料上注明日期，以便该资料的升级换代。如果在一次培训中，你的学员收到了大量的散页资料，建议将这些资料组合成一本学员用书。

6．附录

课程中的扩展阅读资料和课后应用工具一般会被放在附录中。学员在需要使用时，能够快速查阅。

⚠ **注意事项　编写学员手册**

- 提供足够的空间，以便学员做笔记。
- 学员手册的印刷建议采用单页印刷。
- 如果学员手册会成为培训后经常使用的参考书或者辅助工具，最好将手册的相关部分用标签注明，以便内容查找。
- 如果学员手册的页数很多，建议制作一个索引。

第三节　精雕细琢——三级验证优化

一门课程要想成为精品课程，在培训正式实施之前，必须进行课程验证优化。课程就像药品一样，必须经过层层检验才能正式进入市场。

精品课程的验证优化一般分为三级：第一级是自我验证优化，一般由课程设计者和培训师来完成，目标是依照"课程验证标准清单（自我验证）"来检验课程，验证优化的主要内容有课程内容、教学方法和教学资料等 20 项内容；第二级是专家验证优化，一般由业务专家、课程设计者和培训师来完成，目标是依照"课程验证标准清单（专家验证）"来检验课程内容是否有针对性和教学方法是否有良好的互动性，从而确定哪些课程内容和教学方法需要优化和升级；第三级是学员验证优化，一般由目标学员、课程设计者和培训师来完成，目标是通过真实的培训场景来实际操演整个授课流程，这一级验证优化的主要内容有课程内容、教学方法、呈现技巧和教学资料等 20 项内容。只有经过三级验证优化的课程，才可以被称为精品课程。

三级验证优化需要验证六个方面。第一，验证聚焦的问题是否有价值。基于问题解决的课程开发，核心价值就是解决企业绩效问题，帮助员工提升工作能力，所以聚焦的问题是否有价值直接决定了课程的价值性。第二，验证课程内容是否有效果。好的课程必须遵循内容为王的原则，一门课程能否成为精品课程的关键是课程内容是否具有针对性和有效性。第三，验证课程逻辑是否有条理。课程内容的内在逻辑是传承的根本，正如我们之前一直强调的，有结构的内容才更容易被学员记住。在这一环节会对课程逻辑是否严谨、是否有层次做最终的检验。第四，验证教学互动是否有学员参与。以学员为中心的教学设计，核心是"折腾"学员。在教学互动中，学员参与得越多，教学效果才会越好。第五，验证时间安排是否有冲突。通过课程验证对课程中每个环节的授课重点和所需时间进行修正，实现每半小时就讲授完一门精彩课程。第六，验证课程资料是否要修订。将验证结果和修改建议记录到课程 PPT、讲师手册和学员手册中。

在 FAST 高效课程开发模型中，有一个虚线椭圆，它的含义是验证优化不仅存在于课程开发的最后一步，而且存在于课程开发的每一步。只有在课程开发过程中不断地优化和完善，才能确保开发出满足企业需要并受到学员欢迎的好课程。

一、 自我验证优化

自我验证优化需要选择一个能够最大限度模拟培训现场的会议室或教室，这个会议室或教室最好能提供所有必要的工具、设备、教学材料和道具等。验证的方式是大声朗读或讲演你所开发的课程材料。根据表 5-4 中的 20 个项目，为课程开发结果打分，并记录所有感到不连贯或混乱的地方。如果条件允许，在课程讲义的每页上都要做笔记。

表 5-4　课程验证标准清单（自我验证）

	课程验证的主要内容	评分				
	课程内容					
1	课程内容紧扣工作中的绩效问题	1	2	3	4	5
2	开发主题符合培训影响域	1	2	3	4	5
3	课程开发目标的制定与表述清晰明确	1	2	3	4	5
4	课程中涉及的内容准确无误	1	2	3	4	5
5	内容逻辑清晰，易于理解	1	2	3	4	5
6	包装后的课程内容简单、无歧义	1	2	3	4	5
7	配套工具方便学员使用	1	2	3	4	5
	教学方法					
8	开场时能够说清课程带给学员的收益	1	2	3	4	5
9	讲授每段内容都能联系学员过往的学习内容及经历	1	2	3	4	5
10	各段内容之间具有良好的过渡	1	2	3	4	5
11	举例/类比与课程内容具有高度相关性	1	2	3	4	5
12	授课方法多样化，充分吸引学员	1	2	3	4	5
13	练习设计紧扣实际工作	1	2	3	4	5
14	时间分配得当	1	2	3	4	5
	教学资料					
15	PPT 设计能够突出课程的核心重点	1	2	3	4	5
16	PPT 美化符合主题要求	1	2	3	4	5
17	教学材料完整、无遗漏	1	2	3	4	5
18	教学材料的可读性和易读性强	1	2	3	4	5
19	辅助教具及行政准备清单准确、无遗漏	1	2	3	4	5
20	页码、拼写和语法无错误	1	2	3	4	5
	合　计					

二、专家验证优化

在专家验证优化环节,专家会针对课程内容和教学方法设计中存在的问题进行探讨,所以模拟授课时间会比正式的授课时间要长。在验证过程中,由业务专家来评估课程的优点和缺点,并提出改进意见。为了保证业务专家更好地配合,尽可能明确业务专家提出反馈意见的截止日期,强调他们意见的重要性。

专家验证优化的过程是选择一个能够最大限度模拟培训现场的会议室或教室,准备好所有必要的工具、设备、教学材料和道具等,由培训师来讲授所开发的课程,课程设计人员和业务专家作为培训对象,对课程内容和培训师的授课进行评估。课程设计人员和业务专家依据"课程验证标准清单(自我验证)"（见表 5-4）和"课程验证标准清单（专家验证）"（见表 5-5）观察和思考每页 PPT 的授课内容和教学方法，并对感到不连贯或有疑问的地方进行及时记录。

表 5-5　课程验证标准清单（专家验证）

序号	评 估 项 目	专 家 建 议
1	课程聚焦问题的准确性和价值性	
2	课程内容与课程目标的吻合程度,课程内容的有效性和针对性	
3	授课内容是否能反映该主题的最新发展,内容的前瞻性如何	
4	教学方法能否与学员特点相符合（例如,学员以前的知识、经验、动机、认知和活动能力水平）	
5	是否给予学员足够的时间和机会去练习和应用他们所学到的知识,学员是否收到实用、可行的反馈意见	
6	在课程修订阶段,还需要考虑哪些因素	

三、学员验证优化

学员验证优化是课程验证优化的最后一步，也是最关键的一步。药品是否有效由病人说了算，课程是否有效必须由学员说了算。

学员验证优化的最佳方式是模拟真实的课堂环境。首先，随机选取学员，学员数量要接近培训班的学员数量，要确保所选取的学员群体在知识、技能和经验等各个方面都真正具有代表性，而不是仅仅选择业务专家或者经理。在实施课程模拟讲授时，最终讲授这门课程的老师必须是培训师，而不是课程设计人员或者其他人员。在验证过程中，需要对学员遇到的困难和消极的身体语言特别重视。在验证结束后，需要收集学员反馈的"课程验证标准清单（学员验证）"（见表 5-6）。如果条件允许，还可以与学员深入讨论每个问题，并共同寻找问题的解决方案。

表 5-6　课程验证标准清单（学员验证）

序　号	课程验证的主要内容	评　分				
课程内容						
1	课程内容紧扣工作中的实际问题	1	2	3	4	5
2	课程中所涉及的内容准确无误	1	2	3	4	5
3	课程结构逻辑清晰，易于理解	1	2	3	4	5
4	各段内容之间具有良好的过渡	1	2	3	4	5
5	练习设计紧扣实际工作	1	2	3	4	5
教学方法						
6	开场明确课程收益，并引发学习兴趣	1	2	3	4	5
7	开场介绍课程纲要/内容结构	1	2	3	4	5
8	案例、活动等启发引导性强	1	2	3	4	5
9	课堂练习强化了课程的核心内容	1	2	3	4	5
10	课程时间分配合理，练习时间充足	1	2	3	4	5
11	运用竞争手段促使学员参与	1	2	3	4	5
12	能够运用互动方式总结课程内容	1	2	3	4	5

序　号	课程验证的主要内容	评　　分				
呈现技巧						
13	培训过程关注到每位学员	1	2	3	4	5
14	讲解速度适当，对重点内容做了强调和突出	1	2	3	4	5
15	肢体语言与内容配合得当	1	2	3	4	5
16	关注学员，有效调动学员的情绪	1	2	3	4	5
17	给学员提供反馈意见和建议	1	2	3	4	5
教学资料						
18	教材排版美观，无错行、乱码等现象	1	2	3	4	5
19	PPT 文字清晰，色彩搭配协调，视觉效果好	1	2	3	4	5
20	恰当运用多媒体技术，如图片、表格、视频、动画等	1	2	3	4	5
合　　计						

　　如果受实际情况所限，不能组织学员进行模拟验证，也可以考虑邀请单个学员对课程进行验证。研究表明，由单个学员验证课程的效果与以团队形式验证课程的效果差不多。由单个学员对课程进行验证，首先要确定被选择学员的能力和经验处于团队整体能力和经验的后 20%，并给这位学员提供所有必要的工具、设备等。然后让这位学员朗读你开发的课程材料，或者聆听你的讲解。必要的时候，让这位学员大声朗读材料，并要求他在朗读时将所想到的内容表述出来。在这个过程中，你可以通过学员表现去思考你所设计的培训课程，而不是闭门造车。在验证过程中，你需要给自己单独准备一份课程材料，把所想、所见都要记录下来，并观察学员对课程材料的使用情况，记录学员所有的反应，如犹豫、停顿、出错以及言语反馈等。如果学员在某个操作上遇到困难，但操作正确了，那么只需要记录这个难度提示，不要打断学员的操作。如果学员在某个操作上遇到困难，并且操作错误，那么你要礼貌地打断学员的操作并询问出了什么问题，或哪里出错了。在确保学员纠正错误之后，才能进入下一步的操作。在课程验证结束后，与学员深入讨论每个在你的笔记中被标注为"问题"

的点，共同寻找问题的解决方案，并对课程材料进行必要的修改。照此方法，你可以继续选取另外一位学员，对修改过的课程进行二次验证。

本章回顾

下面是针对本章内容的要点回顾，请选出正确的答案。

（1）PPT 课件的四大功效是_____、提高授课效率、导航课程位置、提示课堂活动。（练习重点内容/展示核心内容）

（2）优秀 PPT 课件需要遵循_____、排版整齐骨感、图文配合到位、图形逻辑清晰、动画简洁流畅、导航排列有序六项原则。（内容准确精练/内容详细完整）

（3）讲师手册的四个功能是介绍课程概要、_____、记录讲授要点、优化完善课程。（介绍课程目标/预演授课流程）

（4）学员手册的四个功能是了解课程内容、_____、展示练习内容、推进课后应用。（丰富课堂收获/引导课堂学习）

参考答案

（1）展示核心内容

（2）内容准确精练

（3）预演授课流程

（4）引导课堂学习

参考文献

[1] 达琳·M. 范·提姆，詹姆斯·L. 莫斯利，琼·C. 迪辛格. 绩效改进基础：人员、流程和组织的优化[M]. 3 版. 易虹，姚苏阳，译. 北京：中信出版社，2013.

[2] 哈罗德·斯托洛维奇，艾丽卡·吉普斯. 从培训专家到绩效顾问[M]. 杨震，颜磊，古明槭，译. 南京：江苏人民出版社，2014.

[3] 芭芭拉·明托. 金字塔原理[M]. 汪洱，高愉，译. 海口：南海出版公司，2010.

[4] 洛林·安德森. 布卢姆教育目标分类学[M]. 蒋小平，译. 北京：外语教学与研究出版社，2009.

[5] 伯尼斯·麦卡锡，丹尼斯·麦卡锡. 自然学习设计：面向不同学习风格者差异施教[M]. 陈彩虹，庄承婷，译. 福州：福建教育出版社，2012.

[6] 高文，徐斌艳，吴刚. 建构主义教育研究[M]. 北京：教育科学出版社，2008.

[7] 吉姆·威廉姆斯，史蒂夫·罗森伯姆，朱春雷. 学习路径图[M]. 朱春雷，译. 南京：南京大学出版社，2010.

[8] 奇普·希思，丹·希思. 粘住：为什么我们记住了这些，忘记了那些[M]. 雷静，译. 北京：中信出版社，2010.

[9] W. 迪克，L. 凯瑞，J. 凯瑞. 系统化教学设计[M]. 6 版. 庞维国，译. 上海：华东师范大学出版社，2007.

[10] 希尔伯曼. 如何做好生动培训[M]. 2 版. 孙丰田，译. 北京：机械工业出版社，2013.

[11] 斯滕伯格. 认知心理学[M]. 杨炳钧，陈燕，邹枝玲，译. 北京：中国轻工业出版社，2006.

[12] 唐纳德·L. 柯克帕特里克，詹姆斯·D. 柯克帕特里克. 如何做好培训评估：柯氏四级评估法[M]. 奚卫华，等译. 北京：机械工业出版社，2007.

[13] 菲尔普斯. 客户服务培训游戏[M]. 派力，译. 北京：企业管理出版社，2010.

[14] 高杉尚孝. 麦肯锡问题分析与解决技巧[M]. 郑舜珑，译. 北京：北京时代华文书局，2014.

[15] 张志，刘俊，包翔. 说服力：让你的 PPT 会说话[M]. 北京：人民邮电出版社，2010.

[16] 英格里德·本斯. 引导：团队群策群力的实践指南[M]. 任伟，译. 北京：电子工业出版社，2011.

[17] 爱德华·德·博诺. 六项思考帽[M]. 冯杨，译. 太原：山西人民出版社，2008.